THE
DIGITAL TRANSFORMATION
OF
BANKS

银行
数字化转型

付晓岩 著

图书在版编目（CIP）数据

银行数字化转型 / 付晓岩著. —北京：机械工业出版社，2020.2（2021.8 重印）

ISBN 978-7-111-65113-0

I. 银⋯　II. 付⋯　III. 银行业务 – 信息化 – 研究　IV. F830.49

中国版本图书馆 CIP 数据核字（2020）第 047428 号

银行数字化转型

出版发行：	机械工业出版社（北京市西城区百万庄大街 22 号　邮政编码：100037）
责任编辑：	罗词亮
责任校对：	李秋荣
印　　刷：	三河市东方印刷有限公司
版　　次：	2021 年 8 月第 1 版第 7 次印刷
开　　本：	147mm×210mm　1/32
印　　张：	7.75
书　　号：	ISBN 978-7-111-65113-0
定　　价：	89.00 元

客服电话：（010）88361066　88379833　68326294　　投稿热线：（010）88379604
华章网站：www.hzbook.com　　　　　　　　　　　　读者信箱：hzit@hzbook.com

版权所有 • 侵权必究
封底无防伪标均为盗版　本书法律顾问：北京大成律师事务所　韩光 / 邹晓东

前言

似乎人尽皆知的"数字化转型"

"数字化转型"现今已是各行各业热议的话题,讨论"数字化"的书籍和文章可谓汗牛充栋,但是,与热烈讨论形成鲜明对比的是,人们对何为"数字化"众说纷纭。现在既没有可以划断时代的、一致的概念,也没有公认的成功案例。

到底"数字化"是什么?企业当前在信息化上的投入与数字化又是什么关系?数字化转型到底该怎么做?对于这些问题,人们似乎还没有找到清晰的答案。

其实"数字化"并不是一个新生词汇,与我们今天谈论的"数字化"颇为相近的理念已经存在20多年了。尼葛洛·庞帝1996年书写《数字化生存》、比尔·盖茨1999年出版《未来时速》时,"数字化"就已经提出,只不过当时它还是颇具科幻色彩的事物,毕竟那时还是一个手机还没有广泛智能化、电脑性能还较弱、上网还很昂贵的年代。

彼时，信息化已经兴起并开始蓬勃发展，但"数字化"依然显得非常遥远，因此，几乎无人特别在意"数字化"与"信息化"的区别。

现在，即便是在偏远山区，只要网络信号能覆盖到，小产量的农产品也能实现在线销售。技术的普及、基础设施的完善，使"数字化"尽管概念尚不明确，但已经成为公认的发展趋势。大到国家层面的"数字中国"，小到个人层面的"数字生活"，信息网络、信息系统、信息设备包围着每个人的生活、每个企业的经营，谈论"数字化"也变得很自然。

对个人而言，多数时候，数字化更像是一种诱发性的传播过程，一种数字产品的出现会引起一部分人的生活变化，进而扩散并引发大部分人的变化，这是一个从接触到爆款再到新的生态形成的过程。对企业而言，来源于社会整体技术进步的数字化，则伴随着对企业生产效率的提升和竞争的需要，时刻弥漫着"生存"的味道。

尽管大家对于"数字化转型是趋势"这一点似乎没有争议，但是，在巨大的社会潮流下，对被裹挟的企业而言，信息化与数字化是两个不同的发展阶段吗？数字化时代会成为人类社会新的时代吗？在数字化越来越热的今天，确实该认真讨论这些问题了。

虽然可资借鉴的资料很多，但是讨论"数字化"这个主题依旧面临着很大困难，既有概念和业务上的不明确性，也有技术发展上的不确定性。人们追捧过的理论、架构、系统甚至设备已经数不胜数,标杆立了再立,但数字化转型还是"犹抱琵琶半遮面",这也给笔者留下了一个讨论的机会。

在笔者看来,当今的企业,作为信息化的积极实践者,推升了全社会的信息化程度,这些在信息化方面的努力和技术进步正是数字化时代到来的基础;数字化是信息化的第二曲线,是信息化的延续,但它又不同于信息化,将开创一个延续人类社会发展基调——充分赋能个体、释放个体潜能的虚实结合的新时代。

银行在数字化转型中可能遇到的困难

银行目前在既有的传统领域中不断经受技术和以技术为武器的跨界竞争者的双重挑战,数字化转型无论是在银行追求卓越的内部驱动之下,还是在生存之战的外部压力之下,都是必须采取的动作。那么,在这一过程中,银行可能遇到哪些问题呢?

第一,"数字化转型"的概念众说纷纭。"名不正则言不顺",概念不清楚,方向就不明确,力量用得对不对也就无从判断。企业转型是合全企业之力的"大动作",最怕的就是战略出错,而"数字化转型"的概念、企业对"数字化转型"的认知恰恰决定了企业会采取何种战略,战略出错就等于输在"起跑线"上。

第二,对"数字化转型"的路径莫衷一是。概念不清,路径自然也是各说各的。从技术层面看,数字化转型路径确实可以有多种，不同行业、不同领域对技术实现的要求不同，实现的数字化结果也是不同的，但是，从企业管理层面看，企业数字化转型的方法论则可以是一般性的，基于对"数字化转型"的统一认知，可以形成转型路径上的共同参考。

第三，"数字化转型"的技术管理能力不足。"数字化转型"的动力终究还是来自数字化技术，银行过于偏重应用型的技术管理能力定位、企业架构在技术管理中指导性作用的不足，都是面向"数字化转型"时需要克服的问题。

第四，对"数字化转型"的认知不够深刻。尽管很多银行都已经意识到金融行业会因技术的发展而出现重大改变，"银行消失论"等观点纷纷涌现，但是，到底金融行业因此而站上了一个什么样的十字路口，银行自身对此的认知还不够深刻，还没有站在历史的角度充分认知金融自身可能发生的变革。银行对金融的发展做出了不可磨灭的贡献，但二者并非天生绑定，银行只有能够更好地履行金融职能，才有生存的基础。行业的兴替不过是历史中常见的戏码，历史并不关注被淘汰的企业曾经付出了多少。

本书写作动机

笔者曾在大型国有商业银行从业多年，先后在业务条线和IT条线工作过，并有幸在IT条线参与了一次为期多年的企业级转型工程，承担企业级业务架构设计与管理职责。企业转型、企业架构是笔者一直深感兴趣的工作领域，银行信息化、数字化的发展情况和发展趋势也是笔者乐于研究的主题。

2019年有两件事触动了笔者：一是美国第八大银行Capital One发布《2018年致股东的一封信》，信中介绍了其二十几年的数字化转型过程；二是Facebook发布的Libra白皮书，其中描绘了借数字货币推动普惠金融发展的整体构想和技术实现。

Capital One向世人展现了数字技术是如何帮助一家地方银行（相当于我国城商行规模）的信用卡部门成长为全国性大型商业银行，并且在信用卡这个很难真正赚钱的领域获利丰厚的。Capital One坚持让自己作为一家从事银行业务的技术公司去跟使用技术的传统银行竞争，不关心别的银行怎么做，而是认真研究技术如何改变了人们的生活，如何运用技术为生活环境已经改变了的人们提供金融服务。

Facebook的Libra则再次回归区块链技术的初衷，从加密货币和底层支付做起，试图摆脱现有金融机构形态，为十几亿人提供金融服务。如同比特币证明了无银行支持的货币发行与流通体系在技术上行得通一样，Libra体系也许能够通过区块链证明金融是必要的，但银行未必。

这两件事可以在一定程度上佐证这样一种观点：技术可以让我们跳出银行办银行，甚至演变成"跳过"银行办金融。对于今天信息技术应用程度已经在各个行业中名列前茅的银行业而言，在数字化转型方面要有更深刻的理解才行。在竞争中，打败你的往往不是对手，而是新手。

作为一名曾在银行从业多年，而今又在金融科技领域工作的金融行业从业者，笔者出于对自己职业的热爱，希望通过本书跟各位读者共同探讨"银行数字化转型"这个真的可能会让金融业为之一变的课题。

本书主要内容

本书以银行数字化转型为核心内容，通过对银行信息化历程的回顾、对新技术的思考，应用企业架构方法，从企业管理和技术设想两个方面阐述了银行数字化转型的方法论，并对转型后的银行形态进行了预估。书中给出了笔者对数字化的定义和度量方法，区分了信息化和数字化两个技术发展阶段，以为转型方法论的设计提供方向性指导。具体内容如下：

第 1～2 章是对银行信息化过程与现状的介绍。其中，第 1 章回顾了银行大约 40 年的信息化历程，包括与互联网公司的竞争；第 2 章则从新技术应用的角度，盘点了国内外银行在人工智能、大数据、云计算、区块链等新技术方面的应用案例与不足。

第 3～6 章则集中论述了银行数字化转型问题。其中，第 3 章介绍了银行为什么要进行数字化转型，给出了笔者对数字化转型的定义；第 4 章介绍了转型需要具备的基础，要先进行思维转型，业务思维、技术思维都要转变；第 5 章以企业架构方法为指导，通过企业级业务架构设计介绍了数字化银行的战略、价值链和转型关键点，给出了基于企业管理视角的完整数字化转型指导；第 6 章则是从现有的技术趋势出发设想数字化转型后的银行外在形态，是技术视角的展望，并给出了对信息化和数字化转型程度的度量建议。

附录 A 和 B 分别收录了笔者研究数字货币的一篇论文和关于"第二曲线"研究的工作报告（节选），前者有助于读者理解银行业务可能面临的转变，后者有助于读者理解如何衡量银行转型的结果。

如何阅读本书

本书适合于多类读者群体阅读。

银行管理者

数字化转型是一个漫长而充满变化的过程，对于如此长期的工作，战略方向的正确性、对企业整体转型工作的把控能力至关重要。本书第 1～2 章有利于银行管理者了解银行数字化转型的来龙去脉；第 3～4 章有助于银行管理者分析数字化转型的方向，做好思维上必要的准备工作；第 5～6 章有助于银行管理者制定数字化转型战略，掌握通过企业架构分析、落地企业战略的方法，了解数字化转型的关键点，提升全局管理能力。

银行业务人员

本书为银行业务人员提供了丰富的银行信息化历程和新技术应用的介绍，以及对数字化银行转型方法与发展趋势的介绍，书中并无高深晦涩的理论，易于理解，能够帮助业务人员建立对行业发展的认知。

金融科技研发人员

数字化转型的核心动力来自数字化技术，而对于掌握数字化技术的银行内外部研发人员来讲，本书提供的信息化历程介绍、银行与互联网公司的比较、新技术在金融领域的应用情况、数字化转型理论和路径、实现设想，具有较强的借鉴意义。在实现业务与技术融合的过程中，技术人员需要向业务侧多迈出一步，更好地了解行业数字化转型的方向，才能更好地应用技术来推动转型过程。

研究金融科技发展趋势的人员

本书提供的银行信息化历程、银行与互联网公司的竞争过程、新技术应用案例、数字化转型理论及数字化银行的发展趋势，可为研究金融科技发展趋势的人员提供支持。

企业架构、业务架构的实践者

本书以数字化转型为主题，以金融行业为应用领域，全面讲解了银行业的企业架构、业务架构，以及银行业的数字化转型。

资源和支持

笔者公众号"晓谈岩说"中载有部分笔者研究用的资料和探

讨银行数字化转型的文章，可供读者借鉴。读者如对本书有任何建议或意见，欢迎发送邮件至 yfc@hzbook.com。

致谢

特别感谢机械工业出版社华章分社的杨福川老师对笔者的支持，尽管笔者对这一主题关注已久，但从未想过以图书形式分享，正是在杨老师的鼓励下，笔者才开始本书的写作。

同时也感谢曾与笔者进行过这方面讨论的领导、同事、友人，灵感往往来自于交流。

最后，感谢家人对我一如既往的无私支持。

目录

前言

第1章 "先行"而"后觉"的银行 … 1

1.1 "先行":银行业近40年的信息化历程 … 2
1.1.1 昂贵的信息化基石:IBM System/360系统 … 2
1.1.2 网络化和支付业务的发展 … 4
1.1.3 整体架构的3次变迁 … 8
1.1.4 金融科技给银行带来的4大变革 … 11

1.2 与互联网科技公司竞争的16年 … 16
1.2.1 交锋:里程碑事件 … 16
1.2.2 技术:架构演进的比较 … 20
1.2.3 投资:广袤的战场 … 23
1.2.4 "和解":短暂的握手 … 25
1.2.5 金控和规划:监管规则逐渐统一 … 27

1.3 "后觉":重启数字化战略的银行们 ... 29
   1.3.1 提升科技战略在整体战略中的位置 ... 29
   1.3.2 为金融科技的发展投入大量资源 ... 32

|第2章| 新技术"竞赛" ... 35

2.1 最理想的技术试验场 ... 36
2.2 底层竞赛:云计算、大数据与物联网 ... 37
   2.2.1 云计算应用案例 ... 37
   2.2.2 云计算应用的不足 ... 39
   2.2.3 大数据应用案例 ... 43
   2.2.4 大数据应用的挑战 ... 46
   2.2.5 延伸的底层:物联网应用案例 ... 47
   2.2.6 要持续接近客户 ... 49
2.3 当家"花旦":银行的人工智能应用 ... 50
   2.3.1 人工智能应用案例 ... 50
   2.3.2 值得关注的RPA ... 53
   2.3.3 关于人工智能应用的思考 ... 55
2.4 渠道之争:银行的移动端应用 ... 57
   2.4.1 移动端应用案例 ... 57
   2.4.2 移动端竞争上的不足 ... 60
2.5 面向连接:银行的开放银行应用 ... 61
   2.5.1 国外开放银行发展情况 ... 62

2.5.2　国内开放银行发展情况　64
2.5.3　关于开放银行的思考　66

2.6　游走边缘：银行的区块链应用　67

2.6.1　国外银行的区块链应用　68
2.6.2　国内银行的区块链应用　69
2.6.3　银行如何应用区块链技术　71

2.7　对新技术应用问题的思考　76

2.7.1　对银行新技术应用情况的简要回顾　76
2.7.2　银行在新技术应用中存在的关键问题　78

第3章 为什么要进行数字化转型　83

3.1　数字化转型到底是什么　84

3.1.1　咨询公司的理解　84
3.1.2　科技企业的理解　86
3.1.3　银行的理解　87
3.1.4　信息化与数字化　89
3.1.5　笔者对数字化的理解　94

3.2　银行必须进行数字化转型吗　96

3.2.1　24年前的旧话重提　96
3.2.2　来自区块链的挑战　97
3.2.3　转型似乎已无争议　99

3.3　现有银行的信息化程度如何　101

3.3.1　应用水平仍然有待提升　101

| | 3.3.2 | 技术人员占比太低 | 102 |
| | 3.3.3 | 组织结构老化 | 104 |

第 4 章　转型需要先转变思维　106

4.1　数字化转型的内在是什么　107
4.2　银行数字化转型需要的业务思维转变　110
- 4.2.1　重新认识社会与客户　110
- 4.2.2　重新认识银行业务模式　112
- 4.2.3　重新认识竞争者　117
- 4.2.4　重新认识监管者　120
- 4.2.5　业务向技术靠近一步　121

4.3　银行数字化转型需要的技术思维转变　122
- 4.3.1　重新认识技术应用的体系性　122
- 4.3.2　重新认识基础研究　124
- 4.3.3　技术向业务靠近一步　128

4.4　思维转变的利器：企业架构　129
- 4.4.1　企业架构简介　129
- 4.4.2　企业架构对数字化转型的意义　130
- 4.4.3　企业架构中最容易被忽视的一环：业务架构　131

第 5 章　数字化转型的路径与目标　134

5.1　数字化转型总体路径　135
5.2　战略转型　137

- 5.2.1 战略与企业架构的关系 　　137
- 5.2.2 银行数字化战略 　　139

5.3 架构转型 　　153
- 5.3.1 数字化银行的关键能力和价值链结构 　　153
- 5.3.2 数字化银行的基本活动 　　156
- 5.3.3 数字化银行的支持活动 　　160

5.4 技术转型 　　170
- 5.4.1 基于企业架构的技术管理 　　170
- 5.4.2 关注数字孪生 　　175

5.5 业务转型 　　176
- 5.5.1 总体模式的变化 　　177
- 5.5.2 业务大类的变化 　　180

5.6 外部支持 　　184
- 5.6.1 信用体系建设 　　184
- 5.6.2 数据保护策略 　　186
- 5.6.3 基础设施管理 　　186

5.7 小结 　　188

第6章 对数字化银行的展望 　　190

6.1 银行形态彻底改变 　　191
- 6.1.1 视觉方面 　　191
- 6.1.2 数字人类 　　193
- 6.1.3 语音交互方面 　　193

		6.1.4	数字身份	194
		6.1.5	法定数字货币	194
		6.1.6	数字孪生	195
	6.2	与全社会连接		196
	6.3	应关注的关键技术		199
	6.4	对转型程度的衡量		201
		6.4.1	信息化高级阶段	201
		6.4.2	数字化阶段	203

| 尾 声 | 冷静看待数字化 | 205 |

| 附录 A | 关于数字货币可能诱发现金社会的经济活动的模拟及思考 | 209 |

| 附录 B | 对第二曲线理论的认识和银行业的应用建议 | 219 |

第1章 CHAPTER 1

"先行"而"后觉"的银行

　　银行业的信息化程度在各行业中名列前茅，银行生来就与数字打交道，具有通过信息化提升业务效率的内生需求和天然优势。银行业以外的读者可能很难相信，今天总是被互联网企业各种"夹击"，经常被人用"恐龙"和"消失的银行"等词汇来揶揄的银行，其实是信息化的先驱者，而且一直做得很好。在本书的开篇，就让笔者为各位回顾一下过去这40年中，银行走过的信息化历程和互联网企业带来的冲击。

1.1 "先行":银行业近 40 年的信息化历程

世界上第一台通用计算机诞生于 1946 年 2 月 14 日,是由美国军方定制的 ENIAC(Electronic Numerical Integrator And Computer,电子数字积分器与计算机),是美国奥伯丁武器试验场为了满足计算弹道需要而研制的。这台计算机使用了 17 840 支电子管,尺寸为 2.4m×0.9m×30m,重达 28t,功耗为 170kW,运算速度为每秒 5000 次的加法运算,造价约为 487 000 美元。正是这个与今日计算机形态相去甚远的庞然大物打开了人类电子化时代的大门,但是早期的计算机技术还不足以改变银行业。

银行业真正的信息化历程是从具有划时代意义的主机系统——IBM System/360 开始的,让我们以它为起点,从硬件、网络、架构和应用形态几个方面,以国内银行业为主,回顾一下银行业近 40 年的信息化历程。

1.1.1 昂贵的信息化基石:IBM System/360 系统

真正对银行业产生改变的计算机应当首推 IBM System/360 大型机,它诞生于 1964 年 4 月 7 日,《福布斯》杂志曾将其列入 "改变我们生活方式的 85 个发明"。它为银行的信息化提供了强大而稳定的系统支撑,陪伴银行业走上信息化历程直至今日。

1979 年,国务院批准银行业可以引进外国计算机进行试点,中国人民银行(简称"人民银行"或"央行")启动了 YBS(银行保险系统）项目，开始引进IBM System/360系统。作为YBS项目的一部分，北京、上海、天津、西安、南京、广州6城市引进日立M-150中型机，在杭州、青岛、安康等城市引进日立L-320小型机，开发银行会计联机实时处理系统和联行对账系统，上述系统实际上也是IBM系统。

从1987年开始，定制化的IBM SAFEII银行业务应用系统开始在中国工商银行（简称"工商银行"或"工行"）、中国银行（简称"中行"）采用，中国建设银行（简称"建设银行"或"建行"）也在两年后上线SAFE应用。IBM的大型机和业务应用系统改变了中国银行业手工记账的面貌，但也随之长期主宰了中国银行业主机市场。计算机完全替代手工记账经历的周期其实远比很多读者印象中的长，最后一批完成替代的营业网点是中国农业银行（简称"农业银行"或"农行"）西藏自治区分行的114个网点，时间是在2018年7月27日，从1979年算起，用了近40年。

由于IBM大型机提供的稳定且强大的性能，工行1999年发起"9991"工程，在业内率先启动数据集中工作，随后中行、农行、建行也都进行了各自的数据集中工作。数据集中是银行业信息化历程中一个重要的里程碑，通过数据集中，银行终于改变了自己内部信息地区间相互隔离，需要逐级上传报数的窘境，使内部信息高效、顺畅地流通起来。

IBM的大型机系列历经50多年磨砺，不断提升自己，直到今日，尽管遇到云计算、x86服务器等技术的挑战，仍在数据中心、行业应用中占据较大市场份额。但是，尽管性能卓越，大型机高昂的购置与维护费用，使其成为大型商业银行专享的"奢侈品"，中小银行较难承受。

IBM对国内银行业可谓影响巨大，一度曾是大型机设备和服务市场的双重主导者，导致国内银行曾对其高度依赖。每一个经历过早期国内银行业信息化历程的金融科技工作者都会对其大型机发挥的基石作用给予肯定。

1.1.2 网络化和支付业务的发展

银行的传统核心业务通常被认为是"存贷汇"这三项，其中的"汇"是银行体系作为金融基础设施而言最重要的作用，也是进入信息化时代以前最难实现的部分。

如果读者对电视剧《乔家大院》有印象的话，应该还记得主人公乔致庸提出的"汇通天下"的口号。中国第一家票号——日升昌创建于道光四年（公元1824年），当时可谓执全国金融之牛耳，分号遍布全国30余个城市、商埠重镇，远及欧美、东南亚等地区，以"汇通天下"著称于世。有了票号之后，商人在城市之间贸易可以不用携带大量的现银，但是票号间还是需要进行银子的周转运输，以保证兑付能力，这部分的成本和风险依然很大。

作为信用货币的纸币的出现虽然使这种局面有了很大改观，但是还不足以完全解决这个问题，解决这个问题的关键是在银行之间建立高效的清算体系。现代银行体系形成了中央银行这个特殊的银行类型，由中央银行居中建立清算体系是目前多数国家采用的金融清算体系构建方式，各商业银行在中央银行保留用于清算的头寸，日间进行汇款业务，日终清算差额，从而实现跨行、跨地区汇款业务。

在银行实现基于计算机的网络化之前，这个过程是由人工完成的，邮局的挂号信、电报等现在的年轻读者可能都没见过的"古董"，当年都是跨行、异地汇款使用过的工具。

改革开放之后，随着经济的高速增长，金融业务活跃度大幅上升，其表现之一是汇款业务飞快增长，金融基础设施水平已经无法满足需要。

1987年，人民银行总行批准陕西、广东两个省的人民银行分行进行省辖联行网络化试点。1989年，人民银行启动了全国电子联行（Electronic Inter-bank System，EIS）项目，利用VSAT卫星通信技术建立人民银行专用的卫星通信网，联结各分/支行的基于PC机的小站。1991年4月1日，EIS开始试运行。随后，各家商业银行的内部联网系统也纷纷建成投产，银行内部资金划转都可以通过自己的核心系统解决了。这样，基本形成了银行内部转账走自己的核心系统，跨行走EIS的格局。

为进一步提升支付业务效率，1991年10月，我国开始着手建设中国国家金融通信网（CNFN）和中国现代化支付系统（China National Automatic Payment System，CNAPS）。2002年，央行大额实时支付系统（HVPS）投产。2005年，央行小额批量支付系统（BEPS）投产。大小额系统在这一年全面替代了EIS，支付清算彻底切换到CNAPS。笔者2000年进入银行工作，其中2001年至2004年恰好在网点从事联行工作，还有过手工开票调拨头寸的经历。

在支付技术的支持下，2003年前后，国内网上银行逐步兴起。2010年央行进一步推出网上支付跨行清算系统，即"超级网银"。2013年，包含"超级网银"的CNAPS二代上线，除银行外，允许第三方支付机构接入。2017年年初，"网联"诞生。网联平台是在央行指导下，由中国支付清算协会组织支付机构，按照"共建、共有、共享"原则共同发起筹建的。

至此，今天我们在日常生活中进行支付、汇款时使用的两个主要体系就很明确了，通过银行的渠道进行支付和汇款时使用的是CNAPS，而通过支付宝等第三方支付渠道进行支付和汇款时使用的是第三方支付清算系统"网联"。支付清算系统发展的历程如图1-1所示。

"汇通天下"不只包含国内，必然还要包含境外汇款。目前，人民币跨境支付系统（Cross-border Interbank Payment System，CIPS）建设已经取得了很大成就，覆盖全球6大洲的87个国家和地区。2018年5月二期工程全面投产，人民币跨境支付结算时间实现了"5×24+4"小时运行机制，可以覆盖全球各时区金融市场。

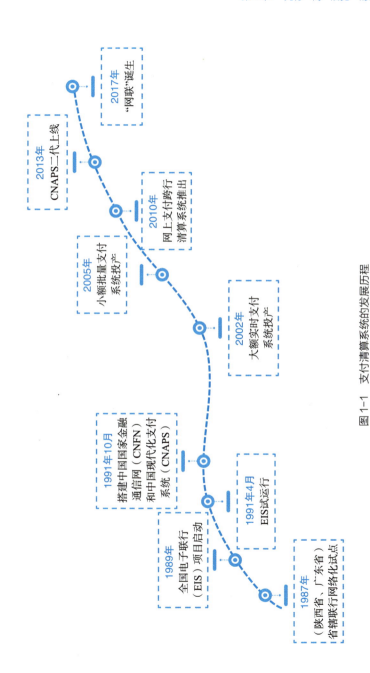

图1-1 支付清算系统的发展历程

计算机性能的进步提升了银行的能力，满足了人们日益增长的金融服务需求，而网络化技术则将银行数百年来在资金"搬运"上的效率推上了新的高度。

1.1.3 整体架构的 3 次变迁

国内银行业进行战略规划时，时间节点多根据国家的"五年规划"走，作为银行战略的一部分，IT 战略和整体架构在发展时间上也具有此类特征。

1. 第一代架构：地区化的分散架构

1986 年至 1990 年的"七五"规划期间，各行逐渐形成以 IBM 4300、日立 M240 系列中小型计算机为主机，同时采用了大量 x86 微机作为补充的硬件格局㊀。在联网方面，构建了基于服务器的中型网络，实现了同城的通存通兑。这是第一代架构的起步期，到了 1991 年至 1995 年的"八五"规划期间，第一代架构基本完成，银行内部办公网络也逐渐 IP 化。但是第一代架构缺点很明显，这一代架构是地区化的，大型银行内部以地区为单位划分网络，乃至省级分行都有配备大型机的。大型机不仅联通能力差，成本也非常高。

2. 第二代架构：大集中架构与竖井式开发

大约在 1996 至 2010 年，以工行首推数据集中为先导，各行将分散在省级分行的数据集中到全国性数据中心，构建起多中心

㊀ 《我国银行信息化发展里程回顾及 2015 年银行业信息化现状分析》，2015 年 8 月 21 日，中国产业信息网。

的"大集中"式的架构体系。笔者 2005 年在银行工作期间,恰好在省级分行信息中心参加了行内的数据集中工作。

与之同步集中的不仅是数据和硬件设备,还有全国集中的开发团队和开发人员,各大行纷纷建起了总行直属的全国性开发中心,集中承接主力系统的开发任务,省级分行的开发队伍逐渐弱化为上线配合等从属职能。

这一时期大型银行基本形成大型机部署核心系统、x86 部署(不再只是补充)非核心应用的整体架构,并且也逐渐采用 Client/Server 架构(C/S 架构,客户端使用 PC 或 PC/终端,服务端使用小型机)。

由于新业务发展较快,经常出现上新业务就上新系统,"专机专用"的局面,也就是我们今天常说的"竖井式开发"。由于这种做法对资源浪费极大,2008 年工行全面部署服务器虚拟化,而这个时间点也基本是国内银行业 x86 虚拟化的起点[⊖]。

国外银行的 IT 架构大约在 20 世纪 90 年代末,从大、中型机/终端架构转向 C/S 架构。但这并不代表大型机被淘汰,IBM 经过一番努力,在 20 世纪 90 年代末推出了全新设计的大型机 eServer Z900,其在处理性能、可伸缩性和可用性方面达到了全新的高度,而价格和维护费用进一步下降,让大型机重燃希望。

这一阶段,因应大型企业复杂 IT 系统设计的需要,国外的

⊖ 《激荡四十年 | 中国银行业信息科技发展史》,常垒资本冯斯基,2019 年 5 月 30 日发表于亿欧网。

企业架构（Enterprise Architecture，EA）设计方法取得了较大发展，其典型代表是 1995 年诞生的 TOGAF。时至今日，企业架构对企业数字化转型依然意义重大，忽视企业架构设计是难以顺利实现企业转型的。

3. 第三代架构：云计算、分布式支持的"真"企业级架构

从 2011 年至今，云计算快速成为一项成熟技术，各大行内部的私有云纷纷"升起"，资源利用率明显得到改善。各大行也都努力基于云架构来构建新的分布式应用，并持续开展主机下移进程，这就形成了银行业务系统独有的集中式（大型机上的集中式架构核心系统）+ 分布式（云上的分布式架构应用系统）的架构体系[⊖]。

这一时期比较有影响力的里程碑事件是建行从 2011 年开始实施的"新一代核心业务系统"建设工作，以打破"竖井式"开发造成的信息系统割裂和资源浪费、全面提升企业整体能力为目标。项目历时超过 6 年，以企业级业务建模为指导，实现对企业战略目标的落地和企业能力的整合设计，通过"一套业务模型、一套 IT 架构、一套实施工艺、一套管理流程"指导全行的 IT 建设，代表了国内银行系统设计能力的上升。工行在 2019 年也公布了自己以实现企业级业务系统为目标的建设成果。

同时期，国外银行其实也受困于前期"竖井式开发"带来的弊端，也在努力从整体上解决问题，比如富国银行（Wells Fargo）的企业级数据建模工作。

⊖ 《银行 IT 架构变迁史》，大鹏杂谈，2019 年 01 月 30 日发表于 CSDN。

基础计算能力的提升和网络的联通，逐渐改变了银行整体架构模式，随着对数据重要性的认识和对企业内外联动能力需求的提高，银行的架构正在以自己的方式实现面向企业级的整合。银行业务系统架构演进过程如图 1-2 所示。

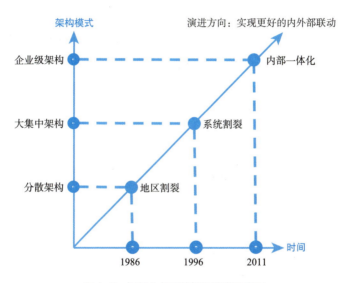

图 1-2　银行业务系统架构演进示意图

1.1.4　金融科技给银行带来的 4 大变革

金融科技对传统金融行业的改变既深刻又迅速。以 1694 年英格兰银行的成立作为现代商业银行和现代金融的起点，在大约 320 年的现代金融行业历史中，金融科技只用最近的 40 余年时间，就推动全行业完成了从电算化到网络化、移动化的升级，使金融行业经由手工处理迈入基于大数据的业务管理阶段，并逐步向智慧金融进化。行业变化的剧烈程度远超过之前 280 余年的发展节奏。下面从金融科技的应用层面介绍银行的改变。

1. 渠道形态的变革

柜台一直是传统金融行业标志性的服务渠道，而柜台服务给人的印象也一直是"柜员+柜台"，直到 20 世纪 80 年代，自动柜员机系统（ATM）的诞生改变了这一印象。基于自动机具，金融机构可以提供无人服务，而且，这种服务具备以往的柜台模式难以具备的能力：7×24 小时全年无休。这种服务模式无法完全依靠人力，只能靠机器。

但是 ATM 无法克服柜台模式的另一个问题，这就是地理限制。银行网点虽多，但无法做到随处都是，部署 ATM 能够延伸柜台服务，但覆盖依然有限。1995 年 10 月，互联网技术的发展催生了全世界首家网络银行——安全第一网络银行（Security First Network Bank），总部设在美国亚特兰大市。网络银行真正实现了一年 365 天，每天 24 小时的全时银行服务。从这家银行开始，全世界金融行业都开始了"触网"之路。

网络银行极大地提升了金融服务的易获得性，个人网银、企业网银替代了大量的柜台服务，但是对电脑终端的依赖仍然会带来一些不便，而智能手机的发展又再次提供了渠道升级的机会。

智能手机处理能力的不断增强，使手机成为优秀的硬件平台，通过 App 方式，金融服务从网络化向移动化演进。现在，手机渠道已经成为行业竞争的重要"战场"。移动服务的出现，使金融服务在突破时间限制之后,也突破了地理限制,真正"无时不在,无处不在",而且,大量的服务已经不再需要由人工提供。

中国银行业协会发布的《2017年中国银行业服务报告》显示,2017年全国银行网点新增数量相比2016年减少了近80%,平均离柜业务率87.58%。2018年年末,行业平均离柜率达88.68%,同比提高1.1%。

从渠道角度看,金融服务形态发生了很大的改变。

2. 业务处理方式的变革

银行业从20世纪80年代开始大规模应用计算机缓解业务处理压力。计算机以数据为原料进行工作,工作结果又会产生新数据,新数据再催生新应用,从最初的电算化开始,科技已经通过这种循环迭代深入改变了各业务领域的工作方式。

金融行业当前的价值链一般包括产品设计、客户营销、产品服务、集中运营、风险控制、报告与决策等主要环节,具体介绍如下:

- 产品设计方面,对于既有数据的分析已经成为新产品市场预测的主要工作;
- 客户营销方面,采用大数据分析和人工智能技术,"千人千面"甚至"亿人亿面"的精准营销已经被金融行业广泛采用;
- 产品服务方面,大量的金融服务已经通过网络渠道、手机渠道送达;

- 集中运营是对金融服务效率的巨大提升，得益于业务数据的积累，智能语音客服、采用 OCR 传递信息的后台集中处理中心等可以实现对低附加值重复作业的高效处理；
- 风险控制工作因风控模型的广泛应用而大为改善，采用机器学习、神经网络技术的风控手段正在逐步替代人工的风控操作；
- 报告与决策是对生产成果的总结分析和对业务决策过程的辅助，基于数据的科学决策已经是所有金融企业的共识，而各类大数据分析工具、数据可视化工具，已经改善了行业的数据应用能力。

纵观银行的前中后台，传统业务处理方法几乎全面被科技手段改良了。

3. 竞争方式的变革

我国的商业银行最初形成于财政体制下，"大财政、小银行"，银行属于国家计划调控体制下的资源分配者，基本没有客户服务思维。1993 年 12 月 25 日，国务院发布《国务院关于金融体制改革的决定》，提出深化金融体制改革，才将工农中建由专业银行转变成国有大型商业银行，并从四大行中剥离了政策性业务，组建了国家开发银行、中国进出口银行、中国农业发展银行三家专门执行政策性业务的专业银行。

从这时开始，银行展开了市场化竞争，服务意识逐渐增强，但是二十多年竞争下来，机构背景和明星销售人员渐渐成为竞争的核心要素，形成了一批以各级行长、客户经理为代表的业务骨干，竞争整体上偏重于"人脉竞争"。

然而，科技的力量正在逐渐改变这种格局。首先，科技改善了客户对金融服务的体验和获取方式。互联网时代，客户关心的热点、习惯变化都很快，金融行业如果不甘心于被"挤"到服务的后端，就必须进一步加强对人的关注，尤其是年轻人，但这不是通过"人脉"可以解决的问题，要去摸时代的脉搏。其次，金融机构的客户也在不断提升科技水平。比如，不少大型企业在依靠自己的开发力量构筑供应链管理体系，海尔、中化集团还在其中采用了区块链技术，在后者开发的区块链系统中，多家银行都是作为节点参与的。面对客户科技实力的上升，如果金融机构的技术水平跟不上，是难以单靠"人脉"去抓住客户的，有时候，客户的需求本质上就是技术需求，要面对的细分市场就是一个需要靠技术手段搭建的平台。在中化集团的案例中，甚至有些分不清楚到底是谁在为谁提供服务。

不同时代有不同的竞争特点，以信息技术为主要生产力的时代，银行的核心竞争力也必须围绕信息技术构建。

4. 无人银行的出现

2018年4月9日，建行上海市分行的"无人银行"正式亮相上海九江路。这是中国银行业首家无人银行，通过充分运用生物识别、人脸识别、语音识别、语音导航、数据挖掘、机器人、VR、AR、全息投影等技术，为客户提供了一个全自助智能服务平台。

2019年6月前后，中行、建行、工行都推出来了自己的5G银行体验网点，仿真机器人、虚拟机器人、VR、太空舱等科技产品一起上阵，展示科技对金融业务的影响力。

现阶段的无人银行还不足以完全取代网点，进而引发大规模的金融行业人力资源调整，但是，它提供了一种良好的技术实验环境，可以实地检测人们对新技术手段的反应。

综上，从渠道、业务、竞争方式等方面，我们可以看到金融科技对银行业已经造成的深刻改变，而从大行纷纷追逐的无人银行这个热点中，也能够看到更深刻的变化已经在路上了。

1.2　与互联网科技公司竞争的16年

目前公认中国在金融科技方面的领先主要体现在移动金融上，而移动金融的主要推手正是以BATJ（百度、阿里巴巴、腾讯、京东）为代表的互联网科技公司，银行原本"平稳有序"的信息化步伐也是被这些跨界竞争者们打乱的。

1.2.1　交锋：里程碑事件

提起中国的互联网科技公司，读者自然会想到头部企业BATJ，其中，对金融行业改变或者说挑战最强的当属阿里和腾讯，除此之外，形形色色的科技公司也都曾加入这个纷乱的战局。下面笔者将介绍互联网科技公司与银行间"交锋"的一些里程碑事件。

1. 硝烟升起

2003年，创立仅三年的阿里巴巴打出了竞争的第一枪，淘宝网在马云先生的杭州寓所诞生，这个C2C网站最初还不足以引起银行的警惕。同年10月，支付宝上线；11月，用于辅助购物交流的即时通信软件阿里旺旺上线，中国电商的基本模式"全国性集市 + 即时性互动 + 第三方支付"形成，并且延续至今。

第三方支付的兴起，标志着互联网科技公司跨界到银行的传统领地——"汇"。"存贷汇"一般被认为是银行的传统业务，其中的"汇"就是支撑人们完成转账、支付等业务操作的基础性金融功能，其背后有一张成本不菲、规模巨大的清算网络。触碰了这一领域，真正的"硝烟"就渐渐升起了。

这一时期，四大银行陆续开展了全国性数据集中，网上银行也在兴起，其实，就技术方面来讲，尽管阿里巴巴这样的科技公司确实有冲劲，但是论起资金、硬件、技术人才等资源，大型商业银行依然是很有优势的，而且从当时的表现来看，大银行还是走在科技公司前边的。

但是，让所有人都始料未及的是这些科技公司的发展速度。2003年，中国C2C电子商务市场全行业交易额也只有11.6亿元，而在2019年"双十一"当天，阿里巴巴仅用14秒交易额就突破10亿元，1分36秒破100亿元，全天达到2684亿元。

2. 移动战争

2008年2月27日，支付宝发布移动电子商务战略，推出手机支付业务；2010年8月，阿里巴巴手机淘宝客户端推出；2011年5月26日，支付宝获得央行颁发的国内第一张《支付业务许可证》（即"支付牌照"）；2013年6月，支付宝推出账户余额增值服务"余额宝"，通过余额宝，用户不仅能够得到较高的收益，还能随时消费支付和转出，无任何手续费。这五年下来，掌上的方寸之地，被开辟成为科技公司与银行间最大的战场——移动支付战场。

随着移动支付市场的快速发展，2014年，不甘寂寞的腾讯也加入第三方移动支付大战，从微信红包开始，以"烧钱"为基本模式，拉开了延续至今已达5年之久的红包大战，最终使微信支付的市场份额飙升到可以威胁到支付宝地位的程度。2014年第三季度时，支付宝和微信支付的市场份额分别为83%和10%，而到2016年第三季度时，这一比例变为52%和38%。到2018年年底，支付宝和财付通合计占第三方移动支付市场份额的92.65%，其他第三方支付机构已经没多少竞争机会了。2019年，春节红包大战加入了更多玩家，仅百度、支付宝、今日头条这些数据可查的红包大战就耗资超过20亿元人民币。

截至2019年第一季度，人民银行发布的《2019年第一季度支付体系运行总体情况》显示，非银行支付机构处理网络支付业务1485.32亿笔，金额58.00万亿元，其中，网联平台（全部为第三方支付机构发生的业务）处理业务758.15亿笔，金额54.72万亿元。与此相对，银行业金融机构共处理电子支付业务481.51亿笔（网上支付业务162.86亿笔，移动支付业务196.90亿笔），金额742.01万亿元（网上支付金额622.68万亿元，移动支付金额 86.62 万亿元）。

总体来看，企业端的支付业务主要发生在银行，而个人端的支付，就结算金额而言，银行占有优势，但从笔数上看，小额日常消费方面，第三方支付机构在交易数量上占据明显优势，这也是科技公司与消费者生活场景结合紧密的反映。

虽然移动战争看起来是互联网公司风光无限，但可能与各位读者的印象有所差别的是，银行在这方面起步并不晚。

2000 年 5 月工行、中行推出基于 SIM 卡技术的手机银行，其可为用户提供账户查询、缴费、转账与证券交易信息等服务，但用户需要把手机的 SIM 卡转换成专门的 STK 卡。出于换卡成本较高以及对系统安全方面的担忧，STK 卡模式并未得到市场的广泛认同。

2004 年 7 月，联龙博通和建行、中国联通合作，在建行 38 个一级分行同时推出了基于 BREW 技术的手机银行业务。2005 年，联龙博通再次联合中国联通及建行推出了具有多种创新技术、基于 2.75G CDMA 1X 网络的 WAP 手机银行，创造了手机银行全国同时开通的纪录，做到了全国全网覆盖。到 WAP2.0 时代，手机银行终于实现了可与网银媲美的功能。

在移动技术采用的时间上，银行起步其实早于互联网公司，但是竞争不利的关键，笔者认为，是银行对移动技术的应用依然是对自身渠道的延伸，并没有与消费者的生活结合起来。很多资深的银行人曾感叹银行业与"二维码"失之交臂（银行建议采用扫码支付技术的时间其实略早于互联网科技公司），但是在笔者看来，银行即便当时采用扫码技术，也未必就能获得足够的竞争优势，因为银行并不拥有让扫码支付技术大放异彩的场景驾驭能力。

3. 蚂蚁对大象

2014年10月，阿里巴巴集团关联公司蚂蚁金融服务集团（前称"小微金融服务集团"）正式成立。2015年2月10日，阿里巴巴集团宣布与蚂蚁金服集团完成重组，蚂蚁金服为支付宝的母公司。经过多年发展，蚂蚁金服旗下已经有支付宝、余额宝、招财宝、蚂蚁聚宝、网商银行、蚂蚁花呗、芝麻信用、蚂蚁金融云、蚂蚁达客等多个子业务板块，是一家既从事金融业务又具备金融科技输出能力的混合型公司。

如果说之前阿里巴巴对金融的"觊觎"更多是出于电商业务的需要，那么，蚂蚁金服的成立则标志着阿里巴巴集团具有了更为清晰的金融战略，阿里巴巴一系列重要的战略规划、战略投资中，都有蚂蚁金服参加，阿里巴巴与银行的竞争已经更为正面了。

1.2.2 技术：架构演进的比较

阿里巴巴集团在大规模分布式高可用技术架构上走出了一条具有自身特色的道路，其技术水平也获得了公认，尤其是近年在其宣传下火爆异常的"中台"概念。由于阿里巴巴在其生态演变进程中与银行之间的竞争关系一度非常直接，"中台"概念现在也被一些银行引用，因此，笔者根据公开资料[1]整理了阿里巴巴

---

[1] 信息来自阿里巴巴集团毕玄、唐三、沈询等多位专家的公开演讲资料。

集团的技术架构演进过程,并根据其演进时间线索与银行架构进行比较,目的是找出两者间的差异。

1. 基于 LAMP 的第一代架构

阿里巴巴的第一代架构是 LAMP 架构的电商网站,阿里巴巴对其进行二次开发,其中最大的改动就是对数据库进行了读写分离。该套架构经过一个多月的改造就上线了,大约坚持了一年,存续时间为 2003 年至 2004 年。

2. Java 单体应用的第二代架构

由于 SQL Relay 产生的问题,2004 年阿里巴巴决定使用 Java 重写淘宝网站,并请来了 Sun 公司的技术专家进行协助和指导。在 Sun 专家的坚持下,使用 EJB 作为控制层。这一代架构大约延续到 2006 年,同时期的银行全面完成数据集中,"竖井式开发"正在"崛起",阿里巴巴与银行依然是"相安无事"的状态。与银行类似,这一时期,阿里巴巴的架构也是基于 IOE(IBM、Oracle 和 EMC)的,只不过阿里巴巴应用是以小型机为主。

3. 分布式架构

2007 年,淘宝开始了较为重要的一次架构调整,打造出三个最重要的中间件——服务框架、消息中间件和 TDDL(Taobao Distributed Data Layer,淘宝分布式数据层)。这一轮架构为阿里巴巴 2008—2013 年五年业务的快速发展奠定了坚实的基础,其水平伸缩能力获得了极大提升。2009 年,后来成为高并发技术风向标的"双十一"诞生了。

这一代分布式架构正是阿里巴巴真正在"无人区"探索的开始，也与银行逐渐走上不同技术方向。由于二者面对的场景不同，技术路线自然不同，时至今日，即便是四大行，在并发量上的需求仍比阿里巴巴低一个数量级。也正是出于自身的需要，阿里巴巴走出了一条主动脱离 IOE 的技术之路。

这一时期的大银行由于业务快速发展、硬件资源充足，在"竖井式开发"的道路上越走越远，已经到了不得不认真对待整合问题的程度。但是"积重难返"是普遍现象，银行业的变革需要企业级的整体设计，建行 2011 年发起的"新一代核心业务系统"改造工程就是其典型代表。

4. 异地多活与服务化快速发展

由于业务发展过快，容灾需求越来越高，2013 年一次险些出现的杭州停电危机让阿里巴巴充分认识到异地多活的重要性，集团再次进入"无人区"。

2013 年，阿里巴巴在杭州做了"同城双活"的 POC 验证。2014 年，阿里巴巴在杭州、上海两个近距离的城市之间做了异地多活的尝试。2015 年，阿里巴巴开始在千里之外的地域部署三地四单元架构，为了降低成本，其中一个单元是云单元，开始使用云机器来支撑"双十一"。到 2016 年，整个体系基本完成，单元数越来越多，分布越来越广，水平伸缩能力进一步增强。

此外，阿里巴巴在云计算、离在线混布方面的能力也不断提升，这些技术为解决资源按需伸缩的问题提供了极大支持。

在基础设施的支持下，服务化架构也快速发展起来。2015年，马云先生首次提出了今日大火的"中台"概念，这个原本具有比喻性色彩的词汇，现在成为互联网企业的标准架构的代名词，业务中台、数据中台等概念不断推陈出新，这种"跟风"动作其实也反映了阿里巴巴如今在技术领域的强大影响力。

这一时期，四大行的科技发展脚步明显没有互联网公司快。建行在四大行中率先完成企业级转型，IT架构做了大幅度改造，企业级业务架构、SOA、两地三中心等重大建设工作陆续完成。工行也在相同方向上取得较大进展。应当说，这是银行与互联网公司技术差距进一步加大的阶段，当然，这种差距的拉开并非由银行的保守造成的，银行对于稳定性的要求非常高，而这正是大型机的优势；银行主要头疼的是"竖井式开发"造成的系统割裂、数据割裂，而非高并发引起的困扰，因此在弹性伸缩、分布式等技术的研究上进展相对较慢。

1.2.3　投资：广袤的战场

银行与互联网科技公司的竞争已经远不止金融业务和金融科技这两部分，互联网科技公司利用其灵活的体制，通过以生态圈建设为目的的投资，开辟了广袤的战场，从而联通大量银行难以触及的场景，正是这种场景的"包围"，使银行不断感叹自己被挤到"后端"。

阿里巴巴2016年对外投资约合300亿元人民币，其中一半投给了口碑；2017年，对外投资直线跃升至近900亿元人民币；

2018年则达到了近千亿元人民币。而腾讯近三年投资额都在千亿元人民币上下。2018年，阿里系总共投资64家国内企业、16家国外企业；腾讯系共投资117家国内企业、17家国外企业。

阿里巴巴在人们关注的"衣食住行"方面均有较多投入，投资相对较为分散，注重对生态圈的整体构建。腾讯最关注的则是文化娱乐，这是其传统优势。二者关注度相近的重点领域包括电子商务、金融、企业服务、汽车交通等。

银行是不具备这种高效投资能力的，因而也无法建起这种投资"八卦阵"。这些外围的投资不仅带来了可观的投资收益，更使互联网科技公司进一步增强了综合竞争实力和对场景的驾驭能力，一定程度上，也通过资金为巨头们建起了"护城河"。

这种竞争是当前国内银行最难以解决的部分，它使得互联网公司得以实现更为广泛的业务与技术的深度融合。

投资方面，国外的银行相对好些，至少在对金融科技的投资方面还是比较灵活的。国外大型金融机构采取的是较为明显的"能力占有"策略。摩根大通设立Fintech基金用于并购Fintech新创企业；桑坦德银行（英国）设立1亿美元Fintech基金用以投资世界各国金融科技公司；高盛内设四个科技投资部门（基金），自2016年以来已经投资29家金融科技公司；花旗银行通过风投和收购与尖端科技公司建立了一系列创新合作伙伴关系，建立起全球性科技公司网络；富国银行每年投入60亿至80亿美元投资新技术项目，并开放银行后台为技术公司测试技术。比起外包或者满足于对技术的应用，国外大型金融机构更感兴趣的是技术本身及其研发能力的获得。

1.2.4 "和解"：短暂的握手

2014年年底，在蚂蚁金融成立之初的一次峰会论坛中，马云先生曾说过："银行不改变，我们就改变银行。"这句话其实反映了互联网科技公司对现代金融服务方式的改变能力，"科技是第一生产力"，科技原本就有改变行业的能力。金融行业是服务行业，对于服务业而言，重要的不仅是服务质量，还有服务的送达，谁掌握了渠道，谁就掌握了主动权，"交通要道"历来是兵家必争之地。

互联网科技改变了人们的生活方式和行为习惯，服务的送达渠道也必然随之改变。如今，互联网科技公司更贴近人们的生活，因而掌握的服务送达渠道显然比银行多。互联网科技确实会改变银行，无论银行愿不愿意。

尽管改变无可抗拒，但是互联网科技催生的互联网金融也并非无可挑剔，2006—2016年，P2P网贷由野蛮生长到大面积"暴雷"就反映了这一点。第三方移动支付的快速发展也使大量资金流转在央行清算体系之外，给国家金融管理、金融风险防范造成了一定困难。在多种因素的共同作用下，国家逐渐收紧了对金融科技的管理。

随着政策方向的改变，互联网头部企业也纷纷调整了策略。

2017年3月28日，中国建设银行与阿里巴巴、蚂蚁金服宣布战略合作。时任建设银行董事长王洪章、阿里巴巴董事局主席马云均亲自出席。按照协议和业务合作备忘录，双方将共同推进建行信用卡线上开卡业务，以及线下线上渠道业务合作、电子支付业务合作、打通信用体系。

同年 6 月 16 日，京东董事局主席刘强东与时任工商银行董事长易会满正式签署全面合作协议。双方将在金融科技、零售银行、消费金融、企业信贷、校园生态、资产管理、个人联名账户乃至电商物流等方面展开全面合作。

同年 6 月 20 日百度与中国农业银行达成战略合作，合作领域主要是金融科技、金融产品和渠道用户，双方还将组建联合实验室、推出农行金融大脑，在智能获客、大数据风控、生物特征识别、智能客服、区块链等方面进行探索。

同年 6 月 22 日，中国银行对外宣布"中国银行—腾讯金融科技联合实验室"挂牌成立，二者将基于云计算、大数据、区块链和人工智能等方面开展深度合作，共建普惠金融、云上金融、智能金融和科技金融。

虽然"四大"与"四巨头"强强联手，但其后的实质行动似乎并不多。此后，京东金融改名为京东数科，BATJ 纷纷表示回归科技方向，致力于提升金融科技水平，而不再那么直接地指向金融本身。

经过"短暂"的握手（见图 1-3），硝烟并没有真正散去，在技术的快车道上，银行除了自我改变，没有别的选择。

图1-3 短暂的握手

1.2.5 金控和规划：监管规则逐渐统一

除了京东之外，目前阿里、腾讯、百度旗下都有银行实体，阿里系有网商银行、腾讯系有微众银行、百度有与中信合作的百信银行。微众银行近年表现尤为抢眼，《BANK 4.0》一书的作者布莱特·金（Brett King）先生十分推崇微众银行。

2019年7月26日，微众银行正式宣布金融科技全面开源，微众银行副行长兼首席信息官马智涛提出"3O开放银行战略"——开放平台（Open Platform）、开放创新（Open Innovation）及开放协作（Open Collaboration），并发布微众金融科技加速器"We加速"以及10款开源技术、应用及战略解决方案。微众银行至少目前看起来与传统银行还是有一定区别的。

尽管BAT旗下几乎都有银行，但目前互联网科技公司直接经营银行实体的模式仍然存在监管上的问题。

2018年1月，在中国人民银行《中国金融稳定报告（2018）》发布现场，人民银行有关管理人员曾提出对5家金融控股公司——招商局集团、上海国际集团、北京金融控股集团有限公司、苏宁集团和蚂蚁金服模拟试点，并称力争2019年上半年完成试点工作。然而，2019年7月26日，人民银行发布《金融控股公司监督管理试行办法（征求意见稿）》（以下简称《办法》），针对"非金融企业投资形成的金融控股公司盲目向金融业扩张，将金融机构作为'提款机'"的监管真空状况，提出将对金融控股公司的资本、行为及风险进行全面、持续、穿透监管。按照《办法》，5家试点公司无一合格，全部须重新整改、申请牌照，可见监管机构此次规范互联网金融机构的决心。在《办法》下发的第5天，蚂蚁金服就已经计划成立一家新的子公司，用以申请金融控股公司牌照，形势之严峻可见一斑。

2019年8月23日，人民银行面向各类金融机构印发了酝酿已久的中国金融科技行业发展指导——《金融科技（FinTech）发展规划（2019—2021年）》（以下简称《规划》），《规划》充分结合了我国金融业科技发展的历史特点，强调了从金融科技视角落实党中央对金融行业的指导性要求，也阐述了未来三年内金融科技发展的27项重要任务。《规划》明确提出了金融科技行业四项基本原则：守正创新、安全可控、普惠民生、开放共赢。

《规划》还提出，要充分吸收国际经验，建立纲目并举、完整严密、互为支撑的基本监管规则体系，对不同类型参与者的共性特点，形成基础性、通用性、普适性的监管要求，为金融科技产品和服务划定门槛和底线。针对不同类型市场主体的统一的起跑线、统一的比赛规则正在形成，制度套利彻底终止，未来的竞争将是逐渐在统一监管框架下比拼用科技改造金融服务的能力，是真正面向以防范金融风险为前提的解决金融深层次问题的竞争。

1.3 "后觉"：重启数字化战略的银行们

随着数字化概念不断升温，在信息化路上先行许久的银行自然不会甘于在数字化进程中处于被动状态，银行们已经开始充分利用在信息化进程中积累的底蕴和资源方面的优势，试图在数字化进程中提升自我。

1.3.1 提升科技战略在整体战略中的位置

传统金融机构已经普遍转变观念，不再只将科技定位于技术工具，而将其上升到最高级别的企业战略层面。

1. 大型金融机构

建行依托"新一代核心业务系统"带来的技术优势，将金融科技与普惠金融、住房租赁并称为三大战略。2018年，建行在金融科技方面提出"TOP+"（技术、开放、平台、联合）战略，新技术方面"ABCDMIX"（人工智能、区块链、云计算、大数据、移动技术、物联网、其他）全面开花。

工行 2017 年在原电子银行部基础上组建网络金融部,将加快推动"互联网金融 e-ICBC 2.0"向" e-ICBC 3.0 智慧银行"升级,并将其作为企业战略,在大数据、人工智能、云计算等新兴金融科技创新与应用的基础上建立新型智慧银行。

中国银行首席信息官刘秋万在 2018 年 8 月的年度业务发布会上表示,中行数字化发展之路将围绕"1234-28"展开,即以"数字化"为主轴,搭建两大架构,打造三大平台,聚焦四大领域,并在聚焦的四大领域中,开展 28 项战略工程。

中国农业银行副行长郭宁宁在 2018 年 7 月银行业例行新闻发布会上表示,农业银行将按照"金融科技 +"战略进一步加大科技创新力度,以市场为导向,以用户为中心,以科技驱动为着力点,以改革创新为抓手,推动产品创新、流程再造、管理变革、模式转换等,助力业务经营发展转型升级。在 2020 年之前,按照"重点突破、整体提升、积极赶超"的策略,打造统一开放的金融科技服务平台,全面提升六项基础能力,逐步深化八大领域应用,实现金融科技与业务应用场景的快速融合,切实推动农业银行向智能化、数字化转型。

平安集团董事长马明哲在公司 2018 年中期业绩发布会上指出,平安集团在做好主营业务的同时,也在积极推进新的业务板块,特别是科技和生态板块,平安的中长期战略具体是"科技赋能金融,科技赋能生态,生态赋能金融"。

招商银行行长田惠宇 2017 年就曾提到,招行必须举全行

"洪荒之力"推进以"网络化、数据化、智能化"为目标的金融科技战略。招行在年报中明确表示:"要把科技变革作为未来三到五年的重中之重,将金融科技的研发和应用全面铺开,并将重新审视和再造提供服务的方式,据此调整内部组织、流程、制度和文化。"

2018年年报中,工行、农行、中行、建行、交行提及"金融科技"的次数分别达15次、21次、7次、64次、21次。

2. 中小金融机构

在大型金融机构的带动下,中小金融机构也根据自身特点发展出不同的金融科技战略。2017年上半年,银监会批准筹建的17家民营银行中,微众银行、网商银行、苏宁银行、中关村银行、亿联银行、新网银行、华通银行、众邦银行等8家银行都被直接定位为互联网银行,将近占到民营银行总数的一半。

另外一些民营银行也表示会探索互联网银行方面的业务或模式,比如威海蓝海银行致力于打造线上线下融合发展的轻资本、交易型、类互联网化银行。对于国内中小银行而言,由于规模较小,整体实力较弱,与金融科技公司合作就成为它们应对金融科技挑战的重要选项。比如江苏长江商业银行2016年就与神州数码融信软件有限公司签约,建设互联网金融平台。

随着对科技战略认识的上升,业务与科技的深度融合逐渐成为所有金融机构的发展目标。未来,即便有哪家金融机构不是科技公司,至少也是金融机构和科技公司的"混血"。

1.3.2 为金融科技的发展投入大量资源

战略认知的上升,必然带来资源的投入,主要表现在调整组织结构、增加预算支出、加大人员投入等方面。

1. 调整组织结构

以建行为例,其在总行层面成立了金融科技创新委员会,整合IT管理、数据管理、产品创新及相应的财务管理等职能板块,对全行的金融科技战略进行统筹安排,提升决策的企业级管控力与效率。

2018年4月18日在原有开发中心的基础上建行组建了建信金融科技公司,将总行直属的3000名开发人员全部平移至金融科技公司,以赋予生产单元新的组织架构、新的运营机制及新的人才战略,用市场化机制激发其活力与生产效率,构筑驱动建行集团金融科技应用的"核动力"。

除建行外,工行的金融科技子公司于2019年5月落户雄安,中行的金融科技子公司于2019年6月花开上海,目前四大行中只有农行尚未建立金融科技子公司。到2019年年底,银行系金融科技子公司已经达到十余家。

2. 增加预算支出

2019年第一季度中国银行业协会发布的2018年"陀螺"(GYROSCOPE)评价体系评价结果中,"体系智能化能力"维度披露了各家银行在金融科技方面的真实投入。从数据来看,上榜银行的金融科技投入从此前普遍占总营收的1%升至2%,而部分城商行的金融科技投入占比达到3%以上。据此计算,银行业整体每年在金融科技上的投入至少近千亿元。排名前五的银行在金融科技上的投入占总营收的比例均达到2%以上。而国有大行中,建行、农行、中行的金融科技投入占比较高,分别为2.17%、2.21%和2.11%。结合总营收计算,2017年建行的金融科技投入达到134.8亿元,农行的金融科技投入达到120亿元,中行的金融科技投入约为102亿元(见图1-4)。

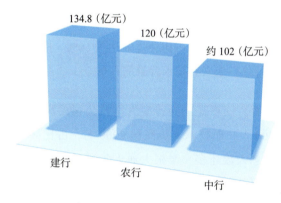

图1-4　建行、农行、中行2017年金融科技投入

在预算方面,国外金融机构的投入更加积极。据麦肯锡公司统计,国外领先的银行平均每年投入税前利润的17%～20%用于数字化转型和创新。摩根大通2016年净盈利247亿美元,但其科技投入高达90亿美元,2017、2018年都超过百亿美元,2019年也保持了同样的投入力度。据称美国银行(Bank of America,BOA)每年科技投入达90亿美元,富国银行也达70亿美元。

3. 加大人员投入

国内方面，各金融机构意识到科技人才对金融机构面向未来的战略意义，纷纷提出自己的人才战略。建设银行在金融科技子公司成立的第一年就扩充了近1000名各类技术人员。中国银行提出未来将着力加强科技人才队伍建设，提升集团内科技背景人才占比（目标是在3～5年内将占比提升至10%），引入市场高端科技人才，重点加强产品经理、数据分析师、客户体验师、互联网安全专家等人才储备。平安集团有正式雇员27.5万名，技术人员超过2万，占比约为7%。平安集团CEO表示，长期看，未来金融机构科技人员的占比会逐渐达到50%。招行董事长田惠宇表示，招行总行未来有技术背景的人员至少会占到50%。

国外方面，较早提出要转型为科技公司的高盛，其员工总数约为36800人，而技术人员高达9000名，占比接近24%，比Facebook的总人数还多。摩根大通近年通过持续向金融科技转型，技术人员占比上升到16%。其全球的25万名员工中有技术背景的达5万名，包括分析师、算法工程师、自动化工程师、机器学习专家等，他们与业务人员之间的自由交流经常碰撞出极具创新性的项目。

"后觉"的银行们正在努力通过"数字化"赛道缩短与科技公司的差距，希望在新一轮的竞争中再创辉煌。

第 2 章 | CHAPTER 2

新技术"竞赛"

作为信息化的先驱,银行业一直对新技术持较为开放的态度,毕竟开发业务系统这件事本身就会不断催生对自我的需求,无论是维护、升级还是重构。面对激烈的跨界竞争,银行更希望通过新技术持续加强自身的竞争力。本章集中介绍在最近 10 年银行的信息化历程中,目前几大主流技术的应用情况和反映出的一些问题,也是银行面对数字化转型时必须解决的。

2.1 最理想的技术试验场

银行一直是新技术的优秀实验场，因为银行业有如下三个适合于此的特点。

1. 资金优势

科技是很"烧钱"的，尤其是在新技术的研究和应用方面，而银行业很有资金优势。虽然银行业利润率不高，但是由于其资产规模庞大，利润总量还是相当高的，正是如此高的利润支撑了其信息技术的发展。

2. 客户类型丰富

银行同时拥有 B 端（企业）和 C 端（个人）客户，而且 B 端和 C 端客户的内部层次也很丰富，现在又广泛开展 G 端（政府）和 F 端（金融同业）客户。其技术应用具有良好的客户基础，很少有哪个行业会有这么丰富的客户类型。

3. 同质竞争严重

银行业，尤其是国内银行业，全能银行众多，同质竞争非常严重，大家的业务类型、监管标准、客户群体都高度重叠，恐怕也只能将实现差异化的手段寄希望于技术。

在上述因素的作用下，加上这些年与互联网科技公司的竞争，银行对新技术充满好奇心和兴趣，近年在科技领域较为抢眼的新技术，很少有技术是银行没有尝试过的，这一点在其他行业中也是较为少见的。

2.2 底层竞赛：云计算、大数据与物联网

最近 10 年技术发展较快，主要得益于硬件性能的大幅提升和信息量的暴增，新技术得以不断发展，而为这一轮技术爆发提供基础性支持的，当属云计算和大数据，即对资源的整合调度和对数据的高效处理。作为延伸，物联网技术也正在提供更多的支持能力。

2.2.1 云计算应用案例

云计算实际上只有十二三年的发展史，但是，这短短的十二三年已经使云计算成为可驾驭庞大计算资源的成熟技术，其发展速度不可谓不快。

1. 国外银行的云计算应用案例

云计算实施一般会经历从数据大集中到资源虚拟化再到云计算的路径。大型银行的云计算通常是由自身原有的数据中心发展起来的。

在私有云方面，已有 155 年历史的荷兰国际集团（简称：ING）于 2008 年启动云计算项目，废除了 13 家数据中心，对 6000 多台服务器和 350 多个应用进行了虚拟化，并在 2011 年年初，建成了连接 6 个数据中心的私有云。2015 年 2 月，HPE 与全球最大的老牌银行之一德意志银行达成合作，签署了长达 10 年的云计算项目，HPE 托管私有云的整体解决方案将在德意志银行全球约 20 个数据中心中部署。

在公有云方面，2012年年底，西班牙对外银行（简称：BBVA）采用了谷歌的云方案，为其分布在全球26个国家和地区的超过11万名员工提供云服务协作方式。2016年，BBVA分别与Red Hat、Amazon Web Services合作，着力提升其云平台管理、云部署、云计算能力，并搭建云基础架构与创建云社区。

2. 国内银行的云计算应用案例

从时间上看，国内大型银行的云计算应用起步略晚于国外金融机构。

建行起步相对较早，2012年开始在数据中心大规模应用私有云。2013年8月建行私有云平台项目上线，有效支持了新一代核心系统长达6年的建设和投产历程。该项目荣获2013年度银监会"银行业信息科技风险管理课题研究"一等奖、"2013年中国金融信息化年度十件大事"及IDC"2014年度中国金融行业最佳（唯一）创新大奖"。

工行于2014年启动云计算的研究工作，其基础设施云IaaS是基于开放的OpenStack、SDN自主研发的云管平台；应用平台云PaaS则采用轻量级容器技术，引入业界主流的容器集群编排及调度技术Kubernetes，已完成个人网银、企业网银等多个重点应用的上云工作。

平安集团从2013年年底开始筹备云平台建设，并从2014年开始逐步构建平台和应用试点。在架构上，平安云采用公有云的服务设计和架构方式来搭建私有云，比如在设计之初就实现多租户。此外，还采用了 VPC（虚拟私有云）的方式，将租户通过网络进行隔离。在底层技术框架上，把 CloudStack 和 OpenStack 的相应模块整合在一起，并逐渐构建起自己的 PAStack（也叫平安 Stack），形成了一套自己的框架。2015 年年底，平安私有云搭建完成。

中行在 2018 年第三季度完成其私有云的一期部署和实施，完成微信银行等数十个分布式应用系统的建设与改造工作，并同步推进主机查询类交易下移和小型机平台应用迁移工作，多个应用系统由小型机平台迁移至 x86 平台。

虽然也有少部分中小型银行自建平台，如江苏银行（2017 年 6 月 26 日投产）、中原银行（2018 年 9 月 29 日招标），但它们大多数难以负担高昂的数据中心建设成本。

2.2.2 云计算应用的不足

在云计算应用方面，国内外大型商业银行基本都是将原有的数据中心改造为云架构，而且多采用私有云建设方案，尤其是国内的大型银行。随着公有云技术的发展，也有越来越多的银行在考虑公有云、混合云方案。尽管技术在不断进步，但是依然存在以下两个恼人的问题。

1. 稳定性

金融级应用最核心的诉求就是稳定性。目前公有云的头部科技企业虽然技术发达，但是中断依然时有发生，仅 2019 年，就有多个行业巨头出现宕机故障。

在国外，2019年5月2日，由于DNS配置事故，微软的Azure云在全球范围内震荡不定，故障修复时间大约为3小时；6月19日，IBM Cloud出现大约1小时的较大范围中断，美国东海岸、欧洲、澳洲等地区受到影响，导致门户和API不可用；8月23日中午，日本亚马逊AWS云服务器开始出现大规模异常，许多使用相关服务的日本手机游戏纷纷出现连线延迟或者读取时间过长，部分游戏甚至完全无法运行，影响用户达上百万。

在国内，2019年3月3日，阿里云出现宕机故障，事故持续了3个小时左右，事后观察了2个小时，这不是阿里云首次出现宕机故障；3月23日16时左右，腾讯服务器发生了大规模宕机，影响多款热门游戏和网络服务产品的使用，据称原因为上海当地网络运营商光纤线路故障，故障恢复时间为3小时左右；7月24日，腾讯云广东区域部分用户出现资源访问失败、控制台登录异常等情况，经排查，确定该故障是因腾讯云广州一区的主备两条运营商网络链路同时中断所导致，故障造成服务中断4小时。

尽管巨头在调流分流、弹性伸缩方面都"身怀绝技"，但是仍难免出现这些问题。上述级别的故障对于金融企业而言是不容易接受的，尤其是国内人民银行对信息安全事件分类和报告制度有着非常严格的规定，出现问题的金融机构会面临严厉的监管问责。因此，需要时刻注意云的稳定性问题，可用性无论达到多少个9，故障率依然不会是0，必须做好应急预案以保证业务的连续性。

2. 安全性

金融级应用无法忽视安全性，尤其是数据安全。近年来，云服务发生的数据泄露事件依然时有发生。

（1）Equifax 数据泄露事件

2017年7月29日，美国最大的征信机构Equifax发生数据泄露事件，波及约1.43亿美国用户，泄露数据包括驾照号、社保号、出生日期和地址。据调查，Equifax因为总共出现了34个控制与过程错误，所以导致数据泄露。

2019年7月22日，Equifax宣布接受金额创纪录的和解协议，需支付至少13.8亿美元的消费者索赔金。在事件发生后，Equifax已在安全及技术方面投入12.5亿美元，未来5年还必须再花费大约10亿美元改善其数据安全。

（2）第一资本银行（Capital One）数据泄露事件

2019年7月29日，据美国媒体报道，Capital One当天发表声明称数据库遭黑客攻击，约1.06亿银行卡用户及申请人信息泄露。

犯罪嫌疑人是曾经在亚马逊公司担任网络服务工程师的佩奇·汤姆森（Paige Thompson），汤姆森利用Capital One系统防火墙的漏洞，通过攻击该银行租借的云计算服务器进入数据库。此次泄漏事件可能给该银行带来1亿～1.5亿美元的损失。

（3）富国银行数据中心因出现故障而宕机

太平洋时间 2019 年 2 月 8 日早上 6 点左右，美国第四大银行富国银行（Wells Fargo）的在线门户网站及移动应用软件已完全无法使用，富国银行的银行卡被众多收银机和商店拒绝。

（4）国内云平台安全形势依然严峻

据新华社报道，国家互联网应急中心 2019 年 8 月 13 日发布的《2019 年上半年我国互联网网络安全态势》显示，2019 年上半年，发生在我国云平台上的网络安全事件相比 2018 年更多。

稳定性和安全性对金融级应用非常重要，一旦发生问题，对金融机构而言影响极大。

当然，举上述例子并非要银行因噎废食，而是说明银行在云计算方面依然需要不断提升技术能力。众所周知，即便是大型银行，其应用并发量仍比互联网科技公司低至少一个数量级，所以其云计算的基础技术比后者还是稍差一些。

当银行不断拓展云上业务规模时，也必须注意到规模产生的复杂度，在调流限流、降级、弹性伸缩、多活等技术上，都需要不断加强。

安全性则始终是一个"道高一尺，魔高一丈"的循环过程，私有云的安全保护程度相对还是要高于公有云，而希望采用公有云服务的银行，需要格外注意服务商的安全管理能力。

2.2.3 大数据应用案例

大数据应用不仅要看应用者对海量数据的存储、查询能力，更重要的是考验其数据分析能力和数据治理能力。

1. 国外银行的大数据应用案例

（1）美国富国银行

美国富国银行是大数据方面较为成功的典范。

富国银行很早就开始重视数据应用，在1983年就建立了企业级数据仓库系统，但是其数据应用是围绕不同的业务线分别建立的，导致信息难以共享。2010年前后，通过对遗留数据系统的迁移，富国银行逐步实现了企业级数据整合，建立了企业级数据湖。

在数据湖的基础上，富国银行建立了数据集市，所有的数据服务以"Data API"的形式提供调用。这种形式很像最近流行的"数据中台"概念，由此也可见，系统架构设计往往殊途同归。

富国银行对数据治理工作的重视程度也是业内少有的，该行将数据战略写入公司战略。该行是最早（2014年）设置首席数据官（CDO）的银行，拥有上万名数据方面的技术人员从事数据分析、模型开发工作。2017年，富国银行建立了全行集中的数据运营和洞见团队。目前，其大数据应用集中在用户体验、用户分析以及风险合规等方面。

（2）Capital One

作为全美前十大银行中唯一的非百年老店，Capital One 在数据应用方面有着独到之处。

Capital One 认为："数据和技术将使银行业发生大变革，特别是从信用卡开始。"Capital One 将信用卡看作基于数据的技术业务，而不是贷款业务。Capital One 的口号是"建立一家从事银行业务的技术公司，与使用技术的银行竞争"，这一理念决定了它的与众不同。

Capital One 开创了"边测试边学习"（Test-and-Learn）的数据分析方法，基于分析结果改良业务应用。除主营业务外，Capital One 对客服电话的处理也独具匠心：通过对大量通话记录进行分析，建立通话模型，识别出客户在使用信用卡的哪个阶段遇到什么问题，进而预判客户来电内容，迅速连接到合适人员并为客户正确解答问题，从而大幅缩短客户通话过程，节省客户和银行的时间。

2. 国内银行的大数据应用

工行在 2013 年引入业界当时最流行的 Hadoop 技术，在 Hadoop 基础上搭建了大数据应用。2017 年成立大数据实验室，以完善大数据服务云体系为目标，实现总分行数据共享、资源动态调配和海量数据存储，提供离线计算、离线分析、在线读写、实时计算等多元化服务。

农业银行在 2013 年开始建设完全自主可控的大数据平台，

该平台采用"MPP+Hadoop"混搭架构建设，MPP（大规模并行处理）分成主库和八大集市。2015年4月7日，生产环境正式上线，可支撑总数据量1.5PB。2016年3月，真正实现MPP与Hadoop融合，构建主仓库MPP集群双活，4套GBase 8a MPP集群共计152个节点，总数据量超过2PB。

中行2015年进行"Hadoop+NoSQL"的大数据平台建设。2018年8月，包含客户画像标签、外部数据应用管理、数据沙箱三大服务体系的大数据平台正式发布，中行也建设了基于MPP技术的分行数据服务平台。

建行2016年开始建设大数据智能平台，平台在数据仓库的基础上引入Hadoop技术，打造"MPP+Hadoop"的双擎架构。

国内银行对大数据的应用目前主要集中在客户画像和风险领域，与人工智能技术融合。比如工行的"融安e信"大数据反欺诈系统，2018年帮助客户防范电信诈骗近8万笔、避免客户损失24亿元；建行在普惠金融领域，结合企业及企业主行内外数据，运用大数据技术，建立全新的客户评价体系，截至2019年5月底，建行普惠金融贷款余额超过8000亿元，增速超过30%，不良率较低。

此外，大数据应用也逐渐扩展到其他领域，比如客户关系管理、运营分析、监管报送、资产负债管理、财务管理等。

国内大型银行近年来也普遍加强了对数据治理的重视，建立了较为完善的数据治理机制，不断加大数据分析人才的引进和培养力度。

2.2.4 大数据应用的挑战

1. 技术方面

以 Hadoop 为代表的第一代大数据技术已然十分成熟，功能强大，国内大型银行的大数据平台的基础基本上都是 Hadoop 框架。而过了十余年，今天开源 Hadoop 供应商的日子已经十分艰难，云架构的大数据框架 S3 等逐渐显露出更大的竞争优势，Hadoop 虽然市场份额仍然较大，但增长已经停止。

据国内知名技术新闻网站 InfoQ 中文站 2018 年 4 月对国外大数据厂商 Teradata 及其两大银行客户——富国银行和加拿大皇家银行的采访，由于管理难、成本高等因素，这两家银行并不看好 Hadoop 的前景。

Hadoop 自身的前景并不等同于大数据技术的前景，它只是反映出了云计算快速发展对前期技术框架的冲击，用户还是希望能够获得价格更低廉、服务更易用的产品。不过，由于国内大银行之前已经在 Hadoop 上投入重金，预计短期内不会轻易改变其大数据架构。但是从长期看，现有大数据框架还是面临着挑战，银行依然受到技术框架切换的潜在影响。

2. 业务方面

国内银行对大数据的应用主要集中在精准营销（含客户画像）和风险管控方面，前者在电商领域取得了良好的业务效果，而后者本身就是数据模型的强项。

这两大领域的成功应用也使银行有意愿进一步拓宽大数据的

应用范围。然而，在实际工作中，大数据技术的应用还是具有较高业务门槛的，尤其是在数据建模方面。在以"暴力"计算方式开展相关性分析的应用模式"冷静"下来之后，对因果关系的重视程度逐渐上升，而这对建模能力的要求更高了。

尽管各大行的大数据战略中都很关注数据分析人才的培养，但是数据分析人才的缺口依然很大，而这最终限制了企业应用大数据的结果和企业竞争力。

业务与技术的深度融合首先是人的融合。对于大型商业银行而言，如果无法改变技术人员和业务人员之间悬殊的比例，就不可能有足够数量的技术人员走到业务中去。项目开发期间技术人员和业务人员的接触仅能实现业务要求，而无法真正深入地用技术推动业务的变革。大数据方面也是同样，没有足够多的数据分析人员与业务人员共同在业务环境中思考对大数据技术的应用，也就难以充分发挥大数据的价值。

2.2.5 延伸的底层：物联网应用案例

"物联网"概念是 1999 年 MIT Auto-ID 中心的 Ashton 教授在研究 RFID 时最早提出来的，是一个结合了物品编码、RFID 和互联网技术的解决方案。经过十几年的发展，物联网已经逐渐成为多种学科和技术的融合体。

如今，物联网设备的数量正在迅猛增长。据 Gartner 预测，物联网设备将在 2021 年达到 250 亿台；而根据 IDC 的一项新预测估计，到 2025 年，全球将有 416 亿台物联网设备，并将产生 79.4 ZB（7.94×10^{10} TB）的数据。

1. 国外银行的物联网应用

2016 年，万事达卡在 CES 展会上宣布携手位于旧金山的 Coin 公司将支付功能引入可穿戴设备。2017 年，美国银行与 FitPay 合作推出可穿戴支付设备，推出数字钱包计划。同年，Capital One 与亚马逊合作推出了基于 Alexa 的智能语音银行助手，其支持的功能从简单的查询到较为复杂的信用卡还款和支票账户等。富国银行尝试基于汽车设备开发支持客户与银行客户经理进行视频会议的功能，福特公司也将亚马逊的 Alexa 融入汽车系统中，汽车也许会成为银行运用物联网技术提供服务的重要载体。

2. 国内银行的物联网应用

2017 年 7 月，建行上海市分行与华米科技、上海交通卡公司共同推出首款集金融支付、交通出行与健康运动于一体的智能可穿戴设备"龙支付米动手环"。2019 年年初，建行深圳分行联手深圳交警，打造智慧交通出行计划，在深圳交警"星级用户"服务平台上线"无感支付"功能。

兴业银行在 2017 年年初试水物联网金融，推出全国首个家庭银行，借助智能电视为用户提供各类在线银行专属服务，结合大屏交互技术和 O2O 场景创新零售银行渠道和服务模式。

2018 年 7 月，招行与 360 联合推出了一款专为儿童设计的智能储蓄罐"小招喵智能储蓄罐"。作为一款智能硬件,"小招喵智能储蓄罐"可连接招行 App、招行储蓄卡等银行常用的介质。

2.2.6　要持续接近客户

从架构角度来讲,物联网设备处于整体架构的最边缘位置;当它应用于外部服务时,则是与客户接触的"最后一公里"。随着智能硬件、云计算、5G 等技术的进步,物联网从最初设备层面的简单连接,逐渐走向具备一定数据处理能力的边缘计算方向。

目前国内各大行将物联网技术初步引入到智慧银行的建设中,用于完善物与物、人与物的连接和协作。比如,四大行纷纷推出了无人银行。无人银行是一个很好的科技试验和示范区,它以智能设备为主,连接基础包括物联网技术。

尽管可联网设备的数量在迅速增长,但是银行对物联网技术的应用仍在探索期。物联网技术能够为银行提供广阔的延伸能力,如今在智慧城市、智慧生活等与"数字中国"相关的建设工作中,物联网在提升基础设施服务能力方面扮演着重要角色。

互联网巨头们对市场的争夺早已经从线上到线下,物联网技术能够帮助企业更迅速地感知客户、感知需求、积累信息,结合物联网技术的智能设备将是新的必争"接触点"。

物联网技术在金融行业的整体架构中依然作用有限,对于物联网技术,银行需要结合边缘计算、边云协同进行更具前瞻性的规划,研究如何通过智能设备更加接近和了解客户。

2.3 当家"花旦":银行的人工智能应用

人工智能的历史几乎与计算机的历史一样长。1956年夏季,以麦卡锡、明斯基、罗切斯特和香农等为首的一批有远见卓识的科学家在一起聚会,共同研究和探讨用机器模拟智能的一系列有关问题,并首次提出了"人工智能"这一术语。但受到计算机性能、数据等客观因素的制约,人工智能的发展先后经历了两个"寒冬期",直到2006年才开始爆发。2016年,Google DeepMind开发的AlphaGo以4∶1的成绩战胜了当时的世界围棋冠军李世石,人工智能终于"翻身"。

2.3.1 人工智能应用案例

1. 国外银行的人工智能应用案例

据金融稳定委员会(FSB)报告,国际银行业对人工智能的应用主要集中在以下几个方面:

- ❏ 面向资本运营,集中于资产配置、投研顾问和量化交易等;
- ❏ 面向市场分析,集中于趋势预测、风险监控和压力测试;
- ❏ 面向客户营销,集中于身份识别、信用评估和虚拟助手;
- ❏ 面向金融监管,集中于识别异常交易和风险主体。

2017年4月,富国银行开始试点一个基于Facebook Messenger平台的聊天机器人项目,该虚拟助手通过与用户交流,为客户提供账户信息,帮助客户重置密码。美国银行(BOA)的智能虚拟助手Erica,可以通过语音和文字与客户互动,帮助用户查询信用评分、查看消费习惯，为 4500 多万客户提供还款建议、理财指导等。苏格兰皇家银行使用虚拟对话机器人 Luvo 为客户获取最适合的房屋贷款，努力成为用户"可信任的金融咨询师"。

2. 国内银行的人工智能应用案例

人工智能是目前国内银行最热衷的"黑科技"，从各行发布的科技战略中就可见一斑，比如工行提出的"e-ICBC 3.0 智慧银行"、建行提出的"5G 智慧银行"、平安银行提出的三大阶段打造"AI Bank"等，几乎没有哪家银行的科技规划中人工智能是不唱主角的。

在客户识别方面，目前最火的当属人脸识别技术。根据 2019 年 Gen Market Insights 的最新研究，中国将成为人脸识别领域最大的消费者和市场供应商。中科院孵化的某 AI 公司已经成长为业内的人工智能技术第一供应商，为农行、建行、中行、招行等 400 多家银行提供智能服务。据称，在 2018 年，其日均调用达到 2.16 亿次，可见银行目前对人脸识别技术的青睐。目前各银行在手机银行、网点、支付等渠道和场景中广泛采用了人脸识别、语音识别等技术进行客户身份验证。

在智能营销方面，银行通过综合应用不同类型的人工智能模型算法，加强客户画像、产品画像和智能匹配能力，知识图谱技术的应用也日益增多。智能营销对银行业态具有很大的影响，很多人关心人工智能技术对柜员的替代作用。其实，无论是对于柜员还是对于客户经理，智能营销技术的不断成熟和改进都会产生深远的影响，远不止于对一般柜面操作的替代。随着人工智能技术应用的拓展，银行也在逐步形成对"获客、活客、留客"的全方位智能支持，将客户关系管理、客户营销工作通过人工智能技术有效连接起来。

在业务运营方面，得益于人工智能算法带来的图像识别率上升，OCR（Optical Character Recognition，光学字符识别）技术可以将原来由前台分散进行的证件审核、银行卡识别、票据审核、票据录入等人工操作转移到后台运营中心进行，不仅效率提升了，风控能力也得到了增强；语音识别、自然语言理解技术的采用，使本已经实现集中化运营的客服中心进一步降低对人员的需求，使大量客服中心人员转岗；机器人流程自动化（RPA）技术正在更加广泛地影响银行的流程设计和运营管理。

在风险控制方面，"智能风控"的概念在2014年前后兴起。互联网系的银行在技术方面具有一定优势，起步也较早。蚂蚁金服据称80%的业务场景都基于模型进行风控，2014年12月微众银行推出的"微粒贷"、2015年6月网商银行推出的"网商贷"都是采用智能风控技术进行信贷管理。截至2018年年末，仅有700余人的网商银行已经累计为1200万小微企业提供过贷款，披露的不良率为1.45%，远低于全国小微贷款不良率的平均水平5.9%。

2017年农行与百度合作推出"AB贷"，农行负责金融产品的业务设计，百度则提供信用风险控制技术。工行的"融E贷"、建行的"快贷"、广发的"E秒贷"、兴业的"兴闪贷"、中行的"中银E贷"、招行的"闪电贷"等，背后都有智能风控技术的支持。招行的"天秤系统"据称对交易风险决策的响应速度在 30 毫秒以内，能够在客户无感知的情况下做出风险决策。

智能风控在银行实现对消费场景嵌入、支持在线实时金融服务、推广普惠金融等方面具有极大作用，可以说是当前落地的人工智能应用中最有实际业务价值的，而它其实也得益于云计算和大数据技术的共同作用。

2.3.2 值得关注的 RPA

1994 年，保罗·艾伦总结了自 20 世纪 70 年代以来美国等发达国家在银行业务再造方面的实践经验，并将哈默的企业流程重塑理论引入银行业，出版了《银行再造：存活和兴旺的蓝图》一书，提出银行流程重塑理论。原中国银监会主席刘明康于 2005 年 10 月在"上海银行业首届合规年会"上，较早提出了国内流程银行的概念。

作为服务型企业，银行对流程的关注由来已久，流程再造是提升内部工作效率、改善外部客户体验的必经之路，但是由于受"部门银行"思维模式的影响，流程在跨部门界限的整合设计方面一直进展缓慢，直到来自互联网的竞争倒逼银行更加主动地去改造流程。

以前，银行在内部业务系统的设计过程中，也经常会产生一些打破部门边界的想法，但是由于制度、职责等原因，加之对流程自动化的信任度不高，担心业务差错难以及时纠正等，使原本可以实现的自动化设计时有"搁浅"。如今,随着银行对计算机系统的依赖越来越强,以及人工智能技术的进步,流程自动化以软件流程自动化(Robotic Process Automation,RPA,也称"机器人自动化")技术的面孔重返舞台。

国外方面,印度第二大银行印度工业信贷投资银行(ICICI),是少数几家在全球范围内部署 RPA 的公司。ICICI 是世界最大的私营银行之一,总资产约 960 亿美元,在印度拥有 955 个分支机构,并在 17 个国家设有办事处。

从 2012 年至今,ICICI 已经实现 1350 个业务的流程自动化,技术团队的规模达到 60 余人。ICICI 运营和客户服务主管 Anubhuti Sanghai 表示:"在运营领域,RPA 帮助银行每天自动处理 650 万笔交易,同时为超过 3000 万客户提供售后服务。"

国内方面,2019 年 5 月 17 日,工行 RPA 技术平台启动,被称为是国内银行业的首次企业级 RPA 应用;5 月 25 日,建行 RPA 系统上线。建行的项目从 2018 年开始招标到实施、上线用时半年,目前内部反映良好,已有更多部门提出应用需求。两大行几乎同时推出 RPA 应用,可见双方对 RPA 技术的兴趣和科技竞争的激烈程度。

上述的国内外 RPA 应用既包含业务流程中单环节的自动化,也涉及跨流程、跨业务系统的自动化处理,很多 RPA 设计并不像人们想象的那样"高精尖",而是类似表格采集这样的简单应用。

采用企业级业务架构设计方式,能够在更大范围内驾驭流程再造，通过流程的梳理，识别低效业务环节或业务驱动方式，再将综合了人工智能的 RPA 技术应用到流程再造中，这使得 RPA 具备了从企业层面和人机协作角度全面提升企业效率的潜能。

RPA 具体使用的技术可以包含很多类型，甚至不能算作一项专门的技术，各类人工智能应用皆有可能融入其中，成为一种有机联动企业整体的设计方式。

2.3.3 关于人工智能应用的思考

银行对人工智能技术的态度是非常积极的，这是由银行应对跨界竞争、打破同质化僵局的双重目标决定的。但是在人工智能应用方面，银行仍然需要关注以下问题。

1. 基础研究薄弱

整体而言，银行不具备人工智能研发能力，只具备应用能力，而且应用方面大多也是依靠供应商，尽管这在促进科技进步、完善社会分工、高效推动新技术应用方面均无可厚非，但是，这也意味着银行不具备真正驾驭该项技术的能力。

目前，互联网头部企业都在人工智能基础研究方面投入大量资源，无论是国外的谷歌、亚马逊、苹果、脸书，还是国内的阿里、腾讯、百度、字节跳动，都在人工智能基础研究方面不惜以重金争夺人才、建立优势。

尽管国内目前在科技公司变银行这个"车道"已经逐步建立起严格的监管机制，但是从长期来看，银行变科技公司这个"车道"

可能是无法限制的，也许只是时间问题而已。那么，对于科技公司（未来的银行）而言，缺乏对核心技术的掌控力则是难以想象的。

2. 人工智能技术自身存在的问题

人工智能技术在经历过这一轮的空前繁荣后，自身也面临着一些问题：

（1）学习能力方面

人工智能技术尽管目前取得了不小的进步，在之前一致认为不可能战胜人类的围棋领域取得绝对性胜利，在复杂的即时战略等类型游戏上表现抢眼，在语音识别方面逐渐超越人类打字员，但是，其学习方式依然属于"慢"学习类型。

2019年8月，在吉隆坡的《王者荣耀》游戏最高规格的电竞赛事中，"5V5"模式下战胜人类职业玩家的腾讯人工智能系统"绝悟"，其1天的训练量可以达到人类440年的训练量。这显然不是大家期待的人工智能的学习方式。人工智能在迁移学习方面进展有限，以极大数据量训练的模型很难更换场景使用，这也限制了其发展。人工智能还是应当朝着更接近人类思维方式的小数据、可迁移的方向演进。

（2）数据隐私方面

随着全世界范围不断增强的数据保护力度，对于金融类业务这种需要大量依靠客户信息、业务信息进行模型训练的领域，如何解决数据确权、数据使用成本问题尚有待研究，尽管不会影响当前的人工智能发展，但是对未来发展可能会造成一定影响。

（3）人力替代造成的阻力

人工智能颇有争议之处就是其不可避免地会带来人力替代。即便很多人认为人工智能应用的主要方向是不断加强人机协同，但随着业务处理效率的上升，仍旧会产生人力替代。未来十年，这种替代可能在银行业产生比较明显的影响。富国银行预期人工智能将会减少 20 万个金融业的工作岗位，摩根大通预期欧洲会有 6 万个工作岗位因人工智能而消失，而某知名咨询公司更是预计到 2030 年会有 8 亿人的工作受到人工智能的影响。工作岗位削减会伴随各种争议，这些争议需要转型中的银行尤其是大型国有商业银行认真思考、妥善应对。

2.4 渠道之争：银行的移动端应用

本节讨论的银行移动端应用主要指手机银行，手机银行是银行对渠道端技术发展的一种适应，每次移动应用开发技术的升级都会带来手机银行技术的升级。

2.4.1 移动端应用案例

1. 国外银行的移动端应用案例

在美国的 25 家大型银行中，至少有 21 家提供手机银行存款业务，67% 的手机银行客户通过照片验证的方式进行支票存款，46% 的手机银行客户通过手机摄像头添加新的收款人。但是，手机银行对大部分美国人的支付习惯的改变仍是缓慢的。美国手机银行的发展，尤其是在支付领域的发展，看起来"不尽人意"，但这并非完全是由技术因素导致的，多数分析人士认为关键在于美国的信用卡业务比较发达、服务比较好，导致银行的服务供给和用户的行为迁移都比较缓慢。这在一定程度上也说明，服务本身对客户而言更重要。

西班牙进出口银行（BBVA）的手机银行曾在 Forrester Research 于 2017 年发布的全球手机银行调查中获得最高分，该报告对美国、英国、法国、巴西、土耳其、中国、澳大利亚等全球超过 18 个国家的 53 家金融银行机构的 App 进行了调研。

BBVA 手机银行的演变是一个长期积累的过程，体现了其具有一定前瞻性和创新能力。2008 年，BBVA 推出了第一个手机数字项目 Tú Cuentas（意为"你的账单"），并在 4 个月后获得了初步成功，近 1/3 的线上银行客户成为该项目的用户。2010 年，BBVA 开始研发新的交互方式，最终，虚拟助手 Lola 在 2012 年上线。Lola 能够以对话的形式辅助客户完成超过 65% 的线上银行服务操作。2013 年，BBVA 推出数字钱包 Wallet，Wallet 使用户可以在手机应用中管理各种银行卡，并实现线上支付、手机线下近场支付。2016 年 11 月，BBVA 与 CRM 领域巨头 Salesforce 合作，在西班牙实现手机开户。这些应用多数早于其他银行同业。

2. 国内银行的移动端应用案例

中国金融认证中心（CFCA）发布的《2018 年电子银行用户使用行为及态度研究》显示，2018 年手机银行的用户比例首次超过网上银行,成为用户首选。掌中的"方寸之地"已然成为各银行的必争之地。2019年7月17日,中国银行业协会发布的《2018年中国银行业社会责任报告》称,据不完全统计,截至2018年年末,手机银行交易笔数达940.37亿笔,交易金额达241.68万亿元。

建行2004年即推出覆盖全行范围的手机银行业务,是国内首家实现全国覆盖的银行。目前,手机银行已成为建行各业务销售和客户服务的第一大渠道。从重点业务上看,超过50%的基金交易、60%左右的贵金属交易、75%左右的账户商品交易、超过80%的快贷申请都是通过手机银行完成的。

2010年7月27日,招行Android版手机银行正式发布。其后,"招商银行"和"掌上生活"成为其手机App的两大主力产品。2015年,招行提出"移动优先"的发展策略。2018年,招行在业内首次提出以MAU(月活跃用户)作为北极星指标,当年MAU突破8100万。2018年底完成"全面无卡化改造",由"卡时代"向"App时代"转型,招行几乎将所有零售客户都转化为App用户。2019年,招行行长田惠宇在财报致辞中表示,"银行卡只是一个产品,App却是一个平台,承载了整个生态",这指明了招行手机银行的建设方向。

工行于2011年推出智能机时代的手机银行客户端,其后,移动端产品一度发展较快。2017年,工行发布e-ICBC3.0战略,加强对移动App的统筹管理,集中移动端入口,按核心业务和场景,工行的移动端逐渐向"三融一活"(融e行、融e联、融e购和工银e生活)方向精简。目前4.0版本的工行手机银行实现了对工行 90% 以上业务的覆盖，可以查询 5 年以上交易数据。截至 2019 年 5 月，工行"三融一活"移动端用户规模突破 4 亿，累计 MAU 突破 1 亿，成为全球首家移动端 MAU 破亿的银行。

2.4.2 移动端竞争上的不足

银行不仅在 App 开发上发力，也在运营上不断投入，大行都坐拥上亿用户，月活数也逐年攀升。纵观手机银行的发展历程可以发现，多数银行是在 2010 年之后才开始进入加速状态的，这一方面是因为智能手机的性能不断增强提供了硬件支撑，另一方面也与互联网公司的"移动"战争不断升级、手机入口竞争日益激烈有关。

手机银行发展至今，有些问题值得深入思考。

（1）手机银行的战略定位不清晰

手机银行尽管发展较快，但是争夺流量入口的效果依然有限。微信、支付宝、京东等具有较强入口能力的 App 都在逐渐平台化、重型化、生活化，并将金融功能嵌入其托起的业务场景中。而银行中，除了招行提出用手机 App 替代银行卡的目标，转型意味比较强外，其他银行的手机银行尽管功能丰富，但是战略特点和方向并不十分清晰。

（2）移动用户的争夺将逐渐进入存量争夺

2019 年 7 月 23 日，市场机构 QuestMobile 发布了《中国移

动互联网 2019 半年大报告》。报告指出，2019 年第二季度与第一季度相比，月活跃用户下降了近 200 万，这是中国互联网用户月活首次出现下降，整个市场的人口红利逐渐消失，下沉市场将是最后一块红利。银行 App 在设计上仍有较大改进余地，缺乏有效的整体规划，纷繁杂乱的手机银行功能多数无人问津，仅体现了手机渠道的业务覆盖度，客户体验方面普遍有待提高。这些不足是银行在存量市场上开展竞争的不利因素。

（3）技术能力对移动端争夺依然具备决定性影响

移动端对于银行获客、留客、活客的意义越来越大，不仅 C 端，B 端移动化办公的需求也越来越高。据称，阿里钉钉目前有 2 亿终端用户，企业组织 1000 万个，B 端场景建设之争在持续升级。AR、VR 等技术为交互体验带来的革新将进一步加大渠道形态变革的力度，技术的进步甚至可能在不久的将来直接改变手机的形态。银行在技术方面总体上属于应用而非研发的定位，那么在未来的移动"战争"中，银行很可能依然不具备从战略防御转为战略进攻的基础能力。

2.5 面向连接：银行的开放银行应用

国外第一个颁布法令勒令银行开放的是英国，英国推进"开放银行"源于 2014 年开始的一项为期两年的银行业调查。该项调查显示，英国四大行拥有 80% 的个人账户，而账户持有人更换账户行的概率只有 3%，已经形成寡头垄断，导致竞争不足，金融业创新受到阻碍。因此产生了最初由监管驱动的"开放银行"概念。

由于发展时间不长且理解各异,开放银行如其概念一般让人觉得含混不清。Gartner 公司将其定义为一种平台化商业模式,通过与商业生态系统共享数据、算法、交易、流程和其他业务功能,为商业生态系统的客户、员工、第三方开发者、金融科技公司、供应商和其他合作伙伴提供服务,使银行创造出新的价值,构建新的核心能力。对于这个定义,换个角度看,这实际上就是目前头部互联网企业的经营模式,"开放银行"也就是成为平台的意思了。

2.5.1 国外开放银行发展情况

1. 欧洲的开放银行

2016 年,英国竞争与市场管理局(CMA)要求全国最大的 9 家银行(被统称为 CMA9,见图 2-1)限定时间落实《开放银行标准框架》(OBS)。同年,欧盟通过《PSD2》(Payment Service Directive 2,支付服务规划 2)法令,规定自 2018 年 1 月 13 日起,欧洲银行必须将支付服务和相关客户数据开放给第三方服务商。对于英国银行而言,开放银行相当于是监管合规与创新活动的混合体。

2018 年 1 月到 8 月,英国政府陆续发布了三版开放银行标准。2018 年 6 月,Token 公司成为第一个使用开放银行 API 完成端到端交易的持牌支付服务供应商。到 11 月,CMA9 称已有 17

家第三方提供商在使用开放银行业务。

"CMA9"
- 汇丰
- 劳埃德
- 苏格兰皇家银行
- 巴克莱
- 桑坦德
- 丹麦银行
- 爱尔兰银行
- 爱尔兰联合银行集团
- 英国全国银行

图 2-1　CMA9 成员

2019 年 1 月 13 日，英国开放银行计划满一周年，该计划在 12 个月的时间里导致老牌银行失去了对支付服务的严格控制，金融科技公司获得更广泛的潜在客户群。2019 年第 1 季度，除 CMA9 外，另有十多家银行自愿加入开放银行行列。

除了英国的 CMA9 外，西班牙进出口银行（BBVA）也是开放银行理念的积极践行者。BBVA 于 2016 年正式启动开放 API 项目，2017 年 5 月起，BBVA API Market 对西班牙客户正式开放。截至 2019 年年初，BBVA 在西班牙、美国、墨西哥三个国家共计开放了 10 个 API：7 个基于银行零售端用户信息，1 个基于企业信息，还有 2 个是多渠道数据的整合。

德国的 SolarisBank 也是"开放银行"理念的践行者，它的前身是一家纯技术公司。SolarisBank 本身并不经营传统银行的业务，而是为第三方企业提供开放 API 服务，包括数字银行和银行卡类 API、符合《PSD2》要求的支付类 API 和贷款类 API。

2. 美国的开放银行

美国的开放银行实践也有其法律基础和市场需要。《多德—弗兰克法案》第 1033 条明确规定，用户或者用户授权的机构有权获取该用户在金融机构的金融交易数据。此外，美国的金融市场竞争激烈，金融机构将发展金融科技作为重点，部分银行主动开放数据接口，向平台型金融服务公司转型。

2016 年 11 月，花旗银行在全球范围内正式推出 API Developer Hub（API 开发者中心），将账户管理、账户授权、信用卡、转账、花旗点数等 8 大类 API 开放给外部开发者。目前，花旗已在全球各个国家开放了 9 种类型的 API。同年，富国银行也建立了开放平台 Wells Fargo Gateway，开放数据信息和支付 2 大类 14 小类 API 服务。

2.5.2　国内开放银行发展情况

2018 年，国内开放银行的发展"突然"进入了一个快速增长阶段，各行纷纷以平台化思路推出开放银行服务。

建行于 2018 年 8 月推出开放银行管理平台，将建行已有的金融服务，如账户开立、支付结算、投资理财等，以标准统一的接口（API）封装到软件开发工具包（SDK）中，与独角兽企业合作，共享市场。建行开放平台的接入流程从注册到上线，平均为 7 个工作日。2019 年 3 月，国务院 App 接入建行个人客户合约信息查询，从服务开放到上线仅用 2 个工作日。

2019 年 3 月 23 日，微众银行副行长兼 CIO 马智涛先生提出了微众"3O"开放银行理念：开放平台（Open Platform），通过 API、SDK 和 H5 嵌入模式，把银行能力嵌入到合作方中；开放创新（Open Innovation），把自身积累的科技能力通过开源、软件授权的方式帮助行业及合作伙伴；开放协作（Open Collaboration），连同合作伙伴开展跨业界、跨产业、跨机构的联合创新，形成多方参与的分布式商业生态。

2019 年 5 月 29 日，平安集团旗下金融壹账通在深圳正式发布 Gamma O 开放平台。该平台提供"App Store"一站式接入，开放多家科技服务商（包括金融壹账通）的人工智能、大数据等前沿科技的 API，供银行灵活调用，并提供平台沙盒测试环境。

此外，浦发银行于 2018 年 7 月也宣布推出 API Bank（无界开放银行），其愿景是实现"服务触点的无界延伸"，像连接器一样把金融与各行业连接起来，构成一个开放共享、共建共赢的生态圈。2018 年 9 月 17 日，招商银行开放平台上线，开放用户体系及支付体系，所有企业都可在线成为招行企业 App 用户，而不必开立招行账户。2018 年 10 月，湖北首家民营银行众邦银行推出"众邦银行开放平台"，这也是华中地区首家上线的开放银行平台。

国内开放银行的发展历程如图 2-2 所示。

图 2-2　国内开放银行发展示意图

2.5.3　关于开放银行的思考

从以上的介绍中可以看出，开放银行在欧美是由于监管直接要求或间接倡导而发展起来的，其本意是维护市场化竞争，为消费者提供更多选择，并非以技术革新为初衷。由于监管的积极参与，因此相关规定也比较明确。商业银行在落地监管要求的过程中，逐渐挖掘其市场价值，自身不断变革，与科技公司间的合作更为紧密。形式上，有的银行产生了平台化倾向，如花旗、BBVA，而多数银行并非以此为导向构建运营模式。

国内银行虽然在技术手段上与国外类似，也以 API、SDK、H5 等接入方式为主，但可以明显看出，很多是对自身原有的平台化、生态圈经营理念的"开放银行化"。

也有分析指出，国外的开放银行比较注重数据层面的开放，国内虽然也有银行提倡，但在银行与银行间、银行与第三方间，核心数据的开放程度依然有限。

概念火热的背后，还是应该认真分析其内涵。开放银行到底开放的是什么？国外主要希望银行开放壁垒，以促进竞争；国内目前开放的核心是技术，通过技术开放构建生态。如果深究这个目的，那么国内的开放银行更多是面对场景失控的一种应变。

按照布莱特·金（Brett King）先生在《BANK 4.0》一书中的描述，"金融服务无处不在，就是不在银行"，这显然是一种对"无感"金融服务的描述，而这种"无感"金融服务靠的是服务与场景的深度、无缝融合，即金融服务中的线上部分本来就要在技术发展的背景下进化到类似计算机系统中的服务调用形态，这是它的自然演进方向。

目前开放银行的概念还在不断变化，技术上还不足以实现其愿景，但它是金融机构未来发展的重要方向之一，尽管不一定要平台化，但会是建立连接的主要方式。

对于监管而言，开放银行则可能会导致金融机构和科技公司的界限逐渐变得模糊。

2.6 游走边缘：银行的区块链应用

区块链的概念诞生于2008年中本聪发表的论文《比特币：一种点对点的电子现金系统》，而比特币的创世区块则诞生于次年的1月3日。从比特币、以太坊到Libra，区块链技术走过了一个十年的轮回，从金融出发再回到金融，银行在这十年中已经在逐渐正视这一技术。

2.6.1　国外银行的区块链应用

国外银行中，区块链技术方面的领军者应当非摩根大通莫属。摩根大通较早入局区块链领域，其主持研发的 Quorum 平台是企业以太坊联盟（EEA）公认的技术代表。在 Quorum 的基础上，摩根大通 2017 年 10 月推出了 IIN（Interbank Information Network）平台，实现跨行信息交互，目标直指 SWIFT。摩根大通、加拿大皇家银行、澳新银行（ANZ）等相继加入该平台，到 2019 年上半年，已经有超过 200 家银行宣布加入。

2019 年 2 月，摩根大通拟推出加密货币 JPM Coin，其机制为挂钩美元的稳定币。该币计划面向经过监管审查的大机构客户发行，理论上可以与 IIN 结合来完成跨境支付。摩根大通是美国首个计划发行虚拟货币的大型商业银行。

2019 年 7 月底，菲律宾联合银行推出了名为 PHX 的基于区块链技术的稳定币，挂钩该国法定货币比索，以该行储备为支持，专注于支付业务。该行已实现将代币化的法定货币，从新加坡汇到位于菲律宾南苏里高的坎蒂兰银行，成功完成菲律宾首次区块链技术跨境汇款。

2019 年 5 月 27 日，韩国历史最悠久的新韩银行推出一个支持区块链的贷款平台，该平台旨在加快贷款流程。该行一直积极采用区块链技术，还曾实施过基于区块链的利率掉期交易。

从整体上来看，国外银行业对区块链技术是持积极态度的，有币和无币的应用都在尝试，也在着力用区块链技术对传统金融行业中存在的一些弊端进行改革。

2.6.2 国内银行的区块链应用

国内银行业较早的区块链应用当属邮政储蓄银行在 2016 年通过 Hyperledger Fabric（超级账本）在资产管理业务中实现的多方信息交互，即资产管理方、投资管理方、托管方之间通过区块链平台连接，通过智能合约提高指令执行速度，从而改善原来各方之间靠邮件、电话进行指令交互的低效局面。

之后，国内银行纷纷尝试以联盟链技术为基础的区块链应用。

1. 供应链金融

2017 年 8 月，农行与趣链科技合作，推出基于区块链的涉农互联网电商融资系统 e 链贷。该产品利用区块链技术向电商供应链的法人客户提供完整电商融资服务，以解决长期以来涉农信贷业务的信息不对称、管理成本高等难题。

2017 年 11 月，建行完成首笔区块链福费廷交易，交易金额近 1 亿元，成为国内首家将区块链技术应用于国际保理业务的银行。该平台逐渐发展为区块链贸易融资平台，截至 2019 年 9 月，平台业务规模已达到 3600 亿元。

2018 年，工行利用区块链技术，将核心企业与各层级供应商间的采购资金流与贸易流集成到区块联盟平台上，用核心企业数据交换信用评级，并成功发放首笔数字信用凭据融资。

2. 扶贫

2017年5月,工行的区块链与生物识别实验室启动与贵州省贵民集团联合打造的脱贫攻坚基金区块链管理平台,通过银行金融服务链和政府扶贫资金行政审批链的跨链整合与信息互信,以区块链技术提高扶贫资金的透明度、投放的精准度。

2018年9月29日,建行搭建了区块链金融精准扶贫平台,积极推进金融科技和精准扶贫相结合,实现对精准扶贫资金的高效监管。

3. 雄安建设

2018年,建行率先成立雄安新区服务建设小组,并建立中国建设银行河北雄安分行。2018年2月上线的雄安区块链租房应用,建行就是其中的参与者之一。

中行参与了雄安新区土地征迁系统、区块链资金管理系统、建设者信息管理平台、雄安集团智慧森林系统、雄安集团招投标系统等项目的开发建设工作。截至2019年3月,已累计实现47家总包及分包商开户上链,为中标企业提供直连服务。

2019年5月,应用工行区块链技术的雄安征迁安置资金管理区块链平台,实现征迁原始档案和资金穿透式拨付的全流程链上管理。

农行也参与到雄安区块链"战团"之中,与雄安集团合作开发区块链电子票据系统,支持该集团在区块链资金管理平台推行电子银行承兑汇票业务,用于新区项目整个链条的支付结算。

4. 其他

农行基于区块链技术构建了掌银客户数字积分体系，以各类权益激励客户体验掌银的重点功能和服务。据统计，截至 2018 年 8 月，项目上线一年累计参与客户超过 1300 万。

2018 年，农行推出了应用区块链技术的企业年金项目，通过把企业年金业务的全流程信息上链，实现业务各参与方之间的信息共享，通过构建可信联盟链，将处理时间由原来的 12 天缩短为 3 天。

此外，溯源等典型区块链应用各银行也多有涉及，由于篇幅有限，本书不一一介绍。

2.6.3　银行如何应用区块链技术

区块链技术最初被中本聪实现时，的确是以对现有金融体系进行变革为目标，这一点在比特币白皮书和比特币创世区块中都有体现，但是十多年来，区块链技术依然争议不断，而且在落地应用方面鲜有突破。

从架构的角度而言，笔者认为，区块链系统的一般架构如图 2-3 所示。

广义区块链的设计主要包括数据层、网络层、共识层、激励层、智能合约层，但是实际上，共识层、激励层、智能合约层都是可选的，不是必须要有，每一层中的具体机制也可以灵活变化。网络层虽然必选,但是其机制却是可选的。最不能动的是数据层,这一层的块链式数据结构是区块链技术的标志性特征,也是狭义上的区块链概念。当然,如果外延到"分布式账本技术(DLT)",连这个"标志性建筑"也可以动。

图2-3 广义和狭义的区块链架构

如果以一般的软件架构视角来看,也可以得到如图2-4所示的架构。

表示层	用户界面				
业务逻辑层	智能合约(业务共识)	发行机制	分配机制		其他业务规则
网络层	对等网络	传播机制	验证机制		
数据层	区块数据	链式结构	非对称加密	Merkle、hash	数据库共识

图2-4 一般架构视角下的区块链

架构中除包含广义区块链概念中的大部分设计元素外，出现两处"共识"，分别是业务方面的"共识"和数据库方面的"共识"，前者是业务逻辑层的共识，也就是智能合约；后者是数据层的数据库共识，即记账权共识，也就是数据写入权。区块链系统与一般软件系统的主要差别就在于底层数据库的实现和业务逻辑层关于代币的设计上。这也是为什么目前就设计而言，除了涉及数字货币的应用难以用传统的分布式系统替代以外，其他类型的区块链设计（尤其是以联盟链为部署形态的设计），用分布式系统和区块链系统并没有显著差别（前者效率通常更高）。

对于银行目前在区块链上的应用，除了国外少数银行有涉及数字货币的应用外，国内外银行对区块链技术的应用都是无币类应用，只是在突出区块链数据库防篡改的数据加固能力，这是当前区块链应用方面最主要的问题，因为区块链技术并不具备强大的数据存储能力。比特币作为区块链的设计典范，践行的是最小化数据设计。尽管应用者可能"财大气粗"，不在乎资源方面的消耗，但这不是优秀的设计该遵循的原则。

综上，笔者认为，银行的区块链应用其实并没有充分发挥其技术潜力，还游走在变革的边缘。对于这个问题，可以多注意以下几点。

1. 没有充分利用信任

区块链不是理想的数据存储方式，更不是支持大数据应用的理想方式。区块链起到数据加固作用，链上数据不易篡改，但是银行采用区块链技术后并没有因此而简化业务流程、改变产品形态。比如，供应链、贸易融资领域都是当前区块链应用的热点，信用证、福费廷、保理等业务都已经可以上链，但是链上的金融产品并没有多少变化，只是改变了业务信息的传递方式。

深入思考会发现，供应链、贸易金融等领域虽金融产品众多，但并非因为客户需求多，其实客户只有一个需求——资金。不同的金融产品实际上是为了解决不同场景下的信息不对称问题。既然公认区块链可以解决数据篡改问题，提供信任，那么金融产品的种类应该明显减少才对，因为没有那么多的信息不对称问题要解决了。例如，为什么还需要信用证这个产品呢？

众多的供应链金融产品可以整合成一种基于金融产品核心数据和智能合约的区块链金融产品，以对应客户其实从未变化过的核心诉求。金融产品核心数据包括甲乙方唯一标识、合约唯一标识、金额、期限、价格、担保方唯一标识、担保率、抵质押品唯一标识、抵质押价值、有无追索权、合约状态。金融产品的核心数据其实也就是金融合约的核心数据，多数金融产品其实只是一个金融合约。

银行可以尝试只采用一种简单的产品合约，关联仓单等金融产品用到的链上信息，发生融资、偿还等行为时则修改链上信息与参与方的关系，这样的方式，智能合约也更容易实现。

从区块链的视角看，不应该有复杂的金融产品，只会有复杂的信息关系，而区块链的价值正是证明了这种复杂信息关系的真实性。

2. 重平台，轻连接

自联盟链诞生后，企业级的区块链应用基本上都是联盟链形态，而联盟链形态无一不代表"厚重"的平台化应用，节点的部署通常选择云化部署，节点实际上分布在同一片"云"上。

银行的区块链应用，无论是购买平台还是自建平台，都是采用的联盟链形态，而且基本不具备向公链扩展的能力，所以一直缺少"杀手级"应用。Libra 提出的技术白皮书则均衡了这个问题，采用联盟链的方式建立初期网络，但是采用能够以低成本建立节点的方式，支持向公链形态扩展和大规模用户部署。所以，Libra 才能够"一石激起千层浪"。

Libra 引起的广泛关注再次说明了连接的重要性。只有在平台和连接之间更好地平衡设计，让区块链易部署，才能让区块链应用成为更加广泛的金融基础设施，进而尽快推动标准的普及以及互操作、跨链等关键技术的发展。

3. 价值网络的探索不够

目前国内银行普遍缺少这方面的探索，但央行将加快法定数字货币的研究工作列为 2019 年下半年的重点工作之一，因此国内银行在价值网络应用方面需要做好充分的准备。

货币形态的变化对经济生活影响极大，而数字货币可编程的特点对于本就在技术、客户线上场景构建和驾驭方面具有优势的互联网科技公司而言，相当于获得了一个新的"加速器"。

2019年10月24日,中共中央政治局就区块链技术发展现状和趋势进行了第十八次集体学习,强调了区块链技术的集成应用在新的技术革新和产业变革中起着重要作用。要进一步打通创新链、应用链、价值链;要推动区块链和实体经济深度融合,解决中小企业贷款融资难、银行风控难、部门监管难等问题;要利用区块链技术探索数字经济模式创新,为打造便捷高效、公平竞争、稳定透明的营商环境提供动力。这些都是银行提升自身区块链应用水平时必须深入思考的问题。

2.7 对新技术应用问题的思考

2.7.1 对银行新技术应用情况的简要回顾

银行对新技术的开放心态和通过科技提升核心竞争力的迫切愿望是不言而喻的,它们一直在通过其庞大的客户、业务和资金体量,不断沉淀技术上的积累。

纵观国内银行拥抱新技术的过程可以看出,各项技术在2010年前后开始进入全面加速过程(见图2-5)。首先通过数据和开发资源的集中奠定了加速的基础,其后以云计算和大数据能力的提升作为动力,推动了人工智能应用、移动端App、物联网应用的发展;作为平台化思维的延伸,开放银行融合了所有可用的技术,成为新的追逐热点;作为"搅局者",区块链的应用前景仍然存在变数。

从国内外银行的技术发展历程来看,比较国内外银行在技术应用方面的优劣并不容易。一方面,本书收集的资料依然很有限,不足以做确切的比较;另一方面,国外银行尤其是美国银行在技术方面的投资一直保持较高水平,科技人员总量也很多,与科技公司合作的方式也更为灵活,因此并不能根据移动支付等领域上的差距简单推导整体应用水平的高下。

图 2-5 新技术在银行兴起的时间

国内各银行在技术应用的过程中也逐渐加强了整体设计,除了各大行发布的包罗万象的金融科技战略外,一些中小银行也在科技战略方面不遗余力。除了技术架构,企业级业务架构的应用也加强了技术应用与业务的融合以及各类技术间的串接。国内四大行先后公布了自己的企业级业务架构建设成果,应当说,对企业级业务架构重视程度的上升最终补全了企业架构(EA),这在一定程度上提升了银行金融科技布局的整体性。

2.7.2 银行在新技术应用中存在的关键问题

除了成绩外，也应客观地对待以下关键问题。

1. 银行的科技驾驭能力依然不如互联网公司

这一点在国内外都是一样的。美国的大银行如摩根大通、高盛、花旗、富国等，其技术人员总量与亚马逊、苹果、谷歌、脸书比毫不逊色，有些银行甚至工程师还更多，但是在领先的技术创新、技术深度等方面却无法与互联网公司相比，尽管美国的银行们拥有大量专利技术。每年这些大银行在科技上投入的资金也很可观，基本都在几十亿甚至近百亿美元的水平，并不比科技巨头差多少。

二者在科技水平上的差距，就不能简单地通过银行更偏重应用来解释，这也许涉及企业战略、行业特点、企业文化、实际需求等综合因素。但是，以摩根大通、高盛为代表的银行转型发展新趋势就是将自己逐步改造成"科技公司"，Capital One 在这方面更是直言不讳。科技公司显然应该是以技术为核心竞争力的，如果说要双轮驱动，那么银行的科技这个轮子应当不输给科技公司才是比较安全的，也会让自己真正获得竞争优势。

国内银行的情况则比国外还要略差些，银行的科技人员占比普遍偏低，科技开支也远低于国外同业。科技人员在数量和比例上都远低于互联网公司，科技支出也比科技公司低很多，尽管国内银行的盈利水平非常高。这也造成国内银行的科技实力不如国内互联网公司，虽然各大行目前都很重视自主开发。

面向未来的竞争，这种实力上的差距显然无法改变二者的地位关系。

国内外银行都对互联网企业涉足金融高度"警惕"，比如美国的亚马逊公司不断渗透银行业，就让很多美国银行感到不安。但是这种不安全感不能总是依靠监管制度和监管机构来消除，银行还是要自己提升科技实力。

2. 金融科技规划的整体性有待提升

应对来自互联网公司的跨界竞争和行业内部打破同质化竞争局面的双重压力，让银行对依托新技术建立竞争优势寄予了厚望。但是，银行目前毕竟还不是科技公司，对很多新技术的理解深度和驾驭能力依然有限，仍然是业务型企业而非技术型企业。

银行对新技术的应用有一定的追逐技术热点的特征，对新技术在内部的整合、联动不够充分。目前的技术发展具有很明显的融合特征，比如人工智能是以大数据为基础的，而大数据又有赖于云计算提供庞大的算力；物联网最初以数据采集为主，与云计算之间有密切关系，而后来又在边缘计算方面与人工智能融合；移动端应用作为渠道侧技术，其背后则是与各种技术的衔接，开放银行更是如此；区块链技术（尤其在联盟链形态下）与云计算有密切联系，而从数据确权的角度讲，与人工智能也可能会密切相关。

各类技术间互相影响、互相加强，也对应用提出了较高要求，目前不少金融业务场景都是基于多项技术的组合实现的，如同布莱恩·阿瑟教授在《技术的本质》一书中所言，新技术都是从现存技术中组合出的一组新的要素。而组合的效率来自整体布局和规划的合理性，也就是以企业级业务架构为"腰部"、面向业务与技术深度融合的企业架构体系。

单纯从技术角度出发规划金融科技布局不是十分理想的选择，企业整体能力的提升不能完全依赖于少数能力极强的架构师，尤其是大型企业，这样缺乏架构规划的连续性。单纯从业务角度出发规划金融科技布局更是难上加难。目前很多已经公开发布的金融科技战略都更像是众多应用的介绍和堆叠，而其对银行核心战略的支持、技术后端的整合实现则缺少清晰的路径。

路径的建立需要加强方法论的研究和实践。企业级业务架构正是这样一种方法论，它从企业战略出发，对企业能力进行整体规划并将其传导到IT实现端的结构化分析方法，既能够呈现企业能力的整体视图，又能够将业务与技术的融合落到实处。企业级业务架构的实现并非依赖少数架构师，而是依赖一个将技术与业务连接起来的工作机制。

通过企业级业务架构设计，将战略和战略能力需求分解到业务实现过程中，形成组件化、模块化，也可以是中台化的架构规划，在不同的业务组件中确定新技术应用方向，再将新技术的应用方向整合为对技术组件、技术平台的规划，连接起业务和技术两端，使金融科技战略有更加清晰的实现蓝图。对技术组件、技术平台的规划进一步构成对基础研究能力的需求，从而加强银行向真正的科技企业转型的方向性。

因此,银行应当加强对企业级业务架构方法论的研究和业务架构师队伍的内部培养。

3. 创新效率较低

国内的大型银行有足够的资金和人力尝试各种新技术,但是,由于机构规模大、信息传导链条长,一线的业务需求传导过程较慢。一个完整的传递链条很有可能需要经过"柜员或客户经理→市级分行业务部门→省级分行业务部门→总行业务部门→总行技术部门→开发中心→开发团队"这样一个信息链,大型银行多数在省级分行也设有技术部门,但是系统开发工作主要集中在开发中心或科技子公司,分行的技术部门仅能承担很有限的开发任务,甚至有的基本没有开发权限。对于这样一个漫长的传导链条,除非高层领导直接干预,否则按部就班的传递将是一个缓慢的过程,而且还伴随着信息衰减和过时的问题。

国外领先银行,如摩根大通、高盛、富国银行等都通过增加技术人员数量,将技术人员或数据分析人员派驻到业务部门工作来缩短信息传递过程和问题解决周期,但是,组织结构以及人力资源构成本身并没有发生根本性变革,效率只是有所提升。

与大型银行相比,中小银行结构虽然比较扁平,但通常没有足够的开发能力去满足自身的技术需求,只能依靠外包等方式,也同样受各种商业流程、项目沟通、需求质量等因素的限制。

这些因素决定了，尽管银行尝试新技术的意愿非常强，但是其对新技术与一线业务场景的结合、调整、创新都是一个相对较慢的过程。

综上，尽管银行在技术方面投入不菲，但是我们依然看到，追逐技术不足以改变银行现有的竞争态势，也不足以使银行很"舒适"地面向数字化的未来。银行需要认真总结过去40年的信息化历程，以及近10年的新技术应用经验，回顾金融史，回溯金融本质，在数字化进程中认真解决自身存在的问题。

第 3 章 | CHAPTER 3

为什么要进行数字化转型

　　银行的信息化历程已有 40 年的历史，特别是在 2010 年之后，趁着新技术爆发的浪潮，银行全面提升了其技术应用水平，并对技术在未来的竞争中能发挥的作用寄予厚望。但是，通过本书之前的介绍，读者也能体会到在银行技术应用、业务变革中还存在一些有待在数字化过程中处理的问题。从本章开始，笔者将逐步阐述银行如何在持续推动信息化建设的基础上，面向数字化进行企业规划，完成数字化转型。

3.1 数字化转型到底是什么

众多企业管理者都将数字化转型视为战略核心,那么从这个角度说,数字化转型应该已经有了一个清晰的概念才对,但实际上却并非如此。笔者经过多方收集后发现,大家似乎对数字化转型都有自己的理解。

3.1.1 咨询公司的理解

1. 埃森哲的观点

埃森哲的研究团队认为,数字化转型最显著的特征是通过数字化应用提升运营效率。中国各行业的数字化转型水平整体仍处于初级阶段,尽管过去多年来中国各家企业都关注数字化转型,但转型紧迫感和执行力并不强。

在 2019 年 9 月发布的《2019 埃森哲中国企业数字转型研究》中,埃森哲认为转型领军者的数量大约为行业的 9%,比 2018 年增加 2%。

根据埃森哲的观点,数字化转型本身具有不确定性,转型没有固定的形态和一成不变的路径,转型所要达到的目标也随企业实际情况的不同而千差万别。

埃森哲研究团队从领军企业的业务转型实践中发现,转型领军者主要在"商业创新""主营业务增长"和"智能化运营"三大方向投入力量提升企业数字化程度,更关注"颠覆产业价值链的可能性"和"提升市场份额",并采用比其他企业更短的数字化转型效果评估周期。

数字化转型是手段不是目的,转型的初心是帮企业解决问题、创造价值。以终为始,企业首先要清楚自己业务或管理的瓶颈所在,然后有针对性地引入数字技术予以改造。

2. 麦肯锡的观点

麦肯锡全球研究院在2017年12月的报告(该报告研究了中国22个行业的数字化水平)中提出,"数字化"包括三方面的内容:资产数字化、运营数字化、劳动力数字化。

报告预计,到2030年,去中介化、分散化和非物质化这三种数字化推动力或可转移与创造10%~45%的行业收入,其中去中介化和分散化的影响更为显著。

在美国,数字化转型贡献了约20%的咨询业务,该领域在2017年增长了17%,远远超过了传统咨询公司5%的增长率。

3. IDC的观点

IDC中国副总裁兼首席分析师武连峰先生在2018年1月20日召开的企业数字化转型与创新案例大会上提出,数字化转型分为领导力转型、运营模式转型、工作资源转型、全方位体验转型、信息与数据转型五个方面。企业对数字化转型会越来越重视,并把数字化转型、数字化、信息化、基于信息化的数字产品作为未来的大发展战略。

4. IBM 的观点

IBM 认为数字化就是通过整合数字和物理要素，进行整体战略规划，实现业务模式转型，并为整个行业确定新的方向。根据 IBM 研究分析，转型的战略途径主要有三种：其一，注重客户价值主张；其二，注重运营模式转型；其三，从整体和整合的角度，将前两种途径结合起来，同时转型客户价值主张和组织交付运作方式。

3.1.2 科技企业的理解

1. 微软的实践

2017 年 7 月 Kurt DelBene 先生就任微软 CDO，同时负责公司的业务战略及内部运营和 IT，在职责上首先做到 IT 与业务的整合，并带领微软开始进行数字化转型实践。

微软认为，经历过数字化转型后，每家公司都将成为软件公司，而如何形成全公司的产品化思维将是一大难点。公司内部的运营组织也要具有软件开发能力，这样才能实现以产品化思维来改造内部运营流程，而其开发出来的软件既可以服务于内部运营流程，也可以作为产品团队的软件产品。

以此为目标，微软将内部运营团队也转型为更高效率的产品与战略组织。在这一过程中，微软的数字化转型路径和四大核心能力可以概括为客户交互、赋能员工、优化业务流程、产品与服务转型。

2. 阿里巴巴的观点

2019 年 7 月 5 日，在 "2019 中国数字企业峰会" 上，阿里巴巴副总裁、阿里 CIO 学院院长胡臣杰在"数字企业案例与实践"专题论坛中发表了主题为"从信息化到数字化"的演讲，提到"今天我们正在经历一个非常伟大的阶段，就是物理世界数字化，同时又从数字世界反馈并回到物理世界当中"，阿里巴巴提倡"一切业务数据化，一切数据业务化"，认为数字化"是一个从业务到数据，再让数据回到业务的过程"。阿里巴巴认为，企业数字化转型的关键在于三点：IT 架构统一、业务中台互联网化和数据在线智能化。

3. 戴尔的观点

国务院发展研究中心"管理世界杂志社"与戴尔集团从 2017 年年初开始，合作开展"传统产业数字化转型的模式和路径"课题研究，并于 2018 年 3 月发布课题报告。该课题报告认为，数字化是指利用新一代信息技术，构建数据的采集、传输、存储、处理和反馈的闭环，打通不同层级与不同行业间的数据壁垒，提高行业整体的运行效率，构建全新的数字经济体系。

该课题报告将数字化转型分为四个阶段：数字化转型试点阶段（2018—2020）、中小企业进行数字化转型阶段（2021—2025）、企业内到行业的集成阶段（2026—2030）和构建完整的生态系统阶段（2031—2035）。

3.1.3　银行的理解

1. 花旗银行

花旗银行于 2012 年提出了"移动优先"战略，并在 2017 年进一步提出"打造数字银行"的新战略，着重关注客户核心需求，强化自身数字化能力，积极拥抱外部伙伴。2016—2018年，花旗银行的数字化转型成果斐然：数字渠道交易量增长15%，移动客户总量增长40%，2017年的利润比2010年上升49%。

2. 摩根大通

摩根大通2012年首次发布移动银行，同时开始全面构建数字银行，以"Mobile First，Digital Everything（移动第一，一切数字化）"战略启动数字化转型，实施了包括打造领先的数字化体验、布局生态圈、创新数字产品、打造技术型组织和能力等一系列措施。摩根大通每年投入近100亿美元用于支持数字化转型，全行22万名员工中有25%的人员有技术或数据背景。

3. 汇丰银行

汇丰银行从2014年开始推动客户旅程数字化，以实现渠道全面数字化。2015年，汇丰银行将数字化转型目标确定为"从根本上将业务模式和企业组织数字化"，通过五方面举措开展数字化落地：客户旅程数字化、数字化产品创新、运用大数据技术创造价值、优化IT架构和数据治理、加大投资力度。

4. 建行

2019年5月9日，在深圳召开的"金融数据治理与应用研讨会"上，建行信息总监金磐石先生解读了建行的数字化转型战略，其核心是在金融科技战略指导下，以技术和数据为驱动，以知识共享为基础，以平台生态为逻辑，构建数字化银行生态体系，为客户和各类合作伙伴提供更便捷、更高效的金融服务，将建设银行建设为具有"管理智能化、产品定制化、经营协同化、渠道无界化"四大特征的现代商业银行。

5. 中行

2018年8月9日,中行明确提出"坚持科技引领、创新驱动、转型求实、变革图强,建设新时代全球一流银行"的总体战略目标,并将科技引领数字化发展置于新一期战略规划之首。

中行数字化发展之路将围绕"1234-28"展开,即以"数字化"为主轴,搭建两大架构(企业级业务架构与技术架构),打造三大平台(云计算平台、大数据平台、人工智能平台),聚焦四大领域(业务创新发展、业务科技融合、技术能力建设、科技体制机制转型),重点推进28项战略工程。

6. 上海银行

上海银行副行长胡德斌先生在《中国金融电脑》杂志上撰文指出,银行的数字化是以数据为核心,在开放互联、数据智能的框架下,对内实现数据共享,流程重塑,效率提升;对外改变客户体验,提高风控能力,构建服务场景,实现数字化业务营收占比的不断提升。

3.1.4　信息化与数字化

综合上述各类理解,不难看出,从实现层面来讲,我们看到的对"数字化"的理解依然是"信息化"的延续,而并非一个全新概念。为了进一步比较信息化与本书倡导的数字化的异同,笔者将先从信息化讲起。

1. 信息化的发展

信息化的概念起源于 20 世纪 60 年代的日本，首先是由日本学者梅棹忠夫（Tadao Umesao）提出来的，而后被译成英文传播到西方，西方社会普遍使用"信息社会"和"信息化"的概念是在 20 世纪 70 年代后期才开始的。

1963 年，梅棹忠夫在题为《论信息产业》的文章中提出，"信息化是对通信现代化、计算机化和行为合理化的总称"，其中，行为合理化是指人类按公认的合理准则与规范行事；通信现代化是指社会活动中的信息交流基于现代通信技术进行的过程；计算机化是社会组织和组织间信息的产生、存储、处理（或控制）、传递等广泛采用先进计算机技术和设备管理的过程。现代通信技术是在计算机控制与管理下实现的，因此，社会计算机化的程度是衡量社会是否进入信息化的一个重要标志。

据英国《每日邮报》2018 年 12 月 7 日报道，联合国公布的最新数据显示，全球网络用户已达 39 亿人，首次超过全球总人口的一半。其中，全球发达国家的互联网使用者人数占比增长缓慢而稳定，从 2005 年的 51.3% 上升到 2018 年的 80.9%；发展中国家的增长更为显著，2018 年有 45.3% 的网络用户，而 13 年前这一比例仅为 7.7%；非洲的增长最强劲，同期互联网用户数量增加了 10 倍多，占比从 2.1% 增加到 24.4%。

从数据上看，计算机总量通常会高于网民的数量，同时还有大量的智能手机、嵌入式计算设备等无法得到详细统计，这些设备也渗透到人类的活动中，可见，按照梅棹忠夫的标准，当今社会的信息化程度已经很高，尽管还不够均衡。

在梅棹忠夫之后，信息化概念不断发展，人们对信息化的认知逐渐上升到生产力层面。1997年召开的中国首届全国信息化工作会议，对"信息化"和"国家信息化"作了如下定义："信息化是指培育、发展以智能化工具为代表的新的生产力并使之造福于社会的历史过程。国家信息化就是在国家统一规划和组织下，在农业、工业、科学技术、国防及社会生活各个方面应用现代信息技术，深入开发，广泛利用信息资源，加速实现国家现代化进程。"

百度百科的"信息化"词条中，将信息化定义为"一种信息技术被高度应用，信息资源被高度共享，从而使得人的智能潜力及社会物质资源潜力被充分发挥，个人行为、组织决策和社会运行趋于合理化的理想状态。同时信息化也是在IT产业发展与IT在社会经济各部门扩散的基础上，不断运用IT改造传统的经济、社会结构从而通往如前所述的理想状态的过程"。

既然信息技术是生产力，生产力就会决定生产关系，生产力的发展也必然推动生产关系的进步，上述定义也包含了这层意思。而这个定义已经很接近上一节中各方当前对数字化的核心共同理解：通过数字化技术重塑组织关系和生产方式。

2. 数字化与信息化的区别和联系

美国学者尼葛洛·庞帝在其1996年出版的《数字化生存》

（Being Digital）一书中提到对未来的畅想：人类生存于一个虚拟的、数字化的生存活动空间，在这个空间里人们应用数字、信息等技术从事信息传播、交流、学习、工作等活动。尽管当时该书颇具科幻色彩，尼葛洛·庞帝也被称为"未来学家"，但时至今日，该书中的很多描述已经成为现实，而我们今天高谈阔论的企业数字化转型，也只是这个"预言"中的一部分——人在数字化环境下的工作。

信息化更偏重提取真实世界中的关键信息并将其放入计算机世界进行管理，这是由信息本身的定义决定的。20世纪40年代，信息论的奠基人香农（C. E. Shannon）给出了信息的明确定义："信息是用来消除随机不确定性的东西。"这意味着信息本身是要排除噪声进行加工处理的。控制论创始人维纳（Norbert Wiener）认为："信息是人们在适应外部世界，并使这种适应反作用于外部世界的过程中，同外部世界进行互相交换的内容和名称。"这一概念注重的是人与其外部之间的互动关系。美国信息管理专家霍顿（F. W. Horton）给信息下的定义是，"信息是为了满足用户决策的需要而经过加工处理的数据"。这是一个更窄范围的定义。

结合这些经典的信息定义和之前对信息化的介绍，从定义和实践两个方面看，信息化都更偏重于信息的采集、加工和传递，通过对信息处理方式的持续改良提升生产力和生产效率。信息化最初是聚焦在人类行为中的片段上，而非整体。

本书倡导的数字化与之不完全相同。本书认为，数字化是在信息化基础上进行的延续，是基于信息化成果产生的，更强调的是虚拟化，或者称之为"数字孪生"，也就是通过数字化技术对人类社会进行仿真，是将物理世界"数字化"。从工程的角度看，信息化阶段更关注"实现"，而数字化阶段应更关注"现实"，是科技与社会更深度的融合。

数字化是将真实世界完整地"放入"计算机世界中，数字化不必以消除噪声为前提，因为它是对人类社会完整（当然也可以更好，这意味着实际上可以增加噪声）的虚拟。数字化的目的是更大程度地释放人的潜力，最大限度抵消真实环境，尤其是空间因素对人的限制，大量依靠可与人互动、协调的设备进行各项人类活动，从而将距离对人类活动的限制降至最低。

人类五千年的文明史中，一直在通过新技术和新工具来减轻距离对人类活动造成的影响，而数字化则是以当前技术发展趋势可以展望的最强实现方式。由此带来的生产力解放和组织形式变革将是巨大的，是对个人的充分赋能。

对于人类的生产活动而言，持续提高信息化程度依然是当前的重点，业务流程不断线上化、优化，这些是数字化的基础，但还没有真正进入数字化阶段。真正的数字化是整个社会的数字化，是一个完整的、互相关联的推进过程，任何一个企业的数字化都并非个体的孤立行为，也无法完全依靠自身进入高度数字化状态，而需要整个社会基础设施、法律体系、管理体制的全面进步。数字化代表比信息化更高的生产力形式，也就必然要求更高的生产关系形式。数字化可理解为信息化的"第二曲线"（见图3-1）。

此外，信息化虽然能够在生产效率的提升方面发挥很大作用，但是在改善体验方面则无法与数字化相比。

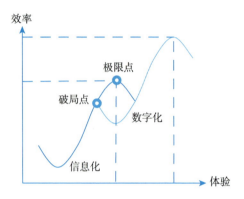

图 3-1　数字化是信息化的"第二曲线"

3.1.5　笔者对数字化的理解

综上，笔者认为，数字化是指通过各类手段，将人类行为最大限度地向虚拟空间转移，并在虚拟空间中完成与物理世界的必要互动。其中，数字化技术将起到关键性作用，因为数字化技术是最主要的生产力。

数字化应当保证人能够在虚拟空间中获得与物理世界相同甚至更好的体验。数字化的目的是最大限度地赋能个人，打破空间限制，形成有史以来最为灵活的生产组织形式、社会活动方式。数字化转型指的是从当前信息化环境下的人类行为、组织形态向数字化环境下的人类行为、组织形态转变的过程。企业的数字化转型是社会整体数字化转型中的一部分，银行自然也如此。

根据以上的介绍，很多数字化相关问题就不难理解了。为什么数字化没有明确的定义，但各方依然可以对之照谈不误？因为它是信息化的延续，并以信息化成果为基础，而我们已经能够"真实"地展望数字化了。为什么会有人认为数字化可能没有统一的方法？因为不同行业中人类活动向虚拟空间转移时的具体实现方式是不同的，而这些不同类型的数字化转型如无数条河流奔汇入海般形成全社会的数字化转型。为什么会有人提出数字化转型要覆盖企业的方方面面？因为数字化转型是人类行为的转型，并会从个人的"点滴"影响到企业的"整体"。

现阶段谈数字化要带有远景，但是也不能一味地畅想未来，必须结合信息化的持续深入和数字化技术的发展，远近结合地来谈，否则就会成为空谈，或者原地打转，以数字化的名义谈信息化。数字化技术是不远的未来科技竞争的主战场。

谈到数字化，自然应该谈谈如何对数字化程度进行度量。信息化曾经使用计算机化来衡量社会的信息化程度，而今天，计算机数量已多到无法统计，计算机技术和从业者能力都在快速提升，信息化将逐渐过渡到数字化。数字化技术本身也已经初现端倪，人们越来越有兴趣尝试在计算机中构建虚拟世界。

笔者认为，社会数字化程度的衡量标准可以采用覆盖度和真实度两个绝对数指标，前者是数字化技术的覆盖度，后者是仿真水平。前者表现为有多少人类行为可以通过数字化技术虚拟完成；后者则是人们在虚拟化环境中的感受，真实度越高则数字化程度越高。

由于二者之间是互相影响的关系，因此在比较不同地区、行业之间的数字化程度时，应用二者相乘后的结果进行度量，而这种比较方式由于抽象掉了具体因子，也可以用于不同分类维度之间的比较，比如银行和医疗机构之间的数字化程度的比较。如图 3-2 所示，未来大部分人类活动在虚拟空间中都要求完整且真实，而部分活动则可以在完整与真实之间偏重其一，少部分活动仍然是线下体验更好。

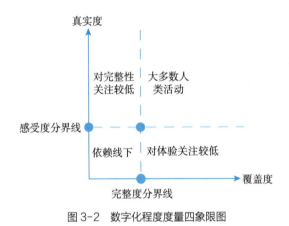

图 3-2　数字化程度度量四象限图

3.2　银行必须进行数字化转型吗

3.2.1　24 年前的旧话重提

早在 1994 年，比尔·盖茨曾预言创新技术将会改变金融业，并直言："银行业是必要的，银行不是。"

时隔 24 年，布莱特·金（Brett King）先生在 2018 年出版的《BANK 4.0》一书中指出,"Banking Everywhere, Never at a Bank"(金融业务无处不在,但绝不在银行),犹如一次螺旋上升。2018年12月16日,在T-EDGE创新大会上,布莱特·金先生更是指出:"如果银行不想成为第二个诺基亚或摩托罗拉,那么必须思考一下,我们的银行体系在未来世界当中存在的基础是什么。"

在这24年中,我们看到的是技术对金融的改变,以及科技公司在做强自身的场景和业务之后,对金融服务领域的侵蚀。无论是国内以阿里巴巴为代表的科技公司对互联网金融的尝试,还是国外一直在寻机登场的亚马逊的金融"野心",都令原有的从业机构和监管机构感到头疼。

在这24年中,我们也亲历了两次大型金融危机,1998年亚洲金融危机和2008年全球金融危机。这两次危机催生了更严格的全球监管,"全球系统重要性银行"这一概念也在2011年诞生,这意味着有29家大银行接受世界标准的监管,但人们认为这并没能阻止下一次金融危机的接近。

尽管做了无数努力,但银行似乎并没有让自己变得更健康,究其根本,也许又回到了布莱特·金先生说的,"如果你思考一下银行的历史,以及我们今天在银行的一些体验,其实多数银行的经营结构都没有发生任何变化"。

3.2.2 来自区块链的挑战

对银行体系的批评引发了2008年年底的一项有趣的技术创

新——区块链。当比特币区块链在 2009 年开始运行时，其创始人中本聪在创世区块中永久地留下了一句话："2009 年 1 月 3 日，财政大臣正处于实施第二轮银行紧急援助的边缘。"

"中本聪"在比特币白皮书中对银行也是颇有微词，并且用技术证明了最难处理的金融底层设施支付清算系统可以在无金融机构参与的情况下"自动运行"。

其后十年，区块链在争议中起起落落，2019 年社交网络巨头 Facebook 计划推出 Libra 这一基于区块链技术的稳定货币金融服务方案。Facebook CEO 马克·扎克伯格（Mark Zuckerberg）说："Libra 的使命是建立一套简易的全球金融基础设施，赋权于世界各地数十亿人。"这一方案的格局远超一般互联网金融，而且具备一定的技术支撑，可实现性很强，故引发了全世界监管机构的关注，区块链改变金融的能力似乎被集体承认了。

比特币和 Libra 都能够完成一项足以改变金融体系的创新——改变货币形态。当前的银行体系、金融运行方式都与信用货币这一货币形态紧密结合在一起，当实体货币被完全数字化时，信用创造可能会失去基础，存款这种货币派生也可能变得没有意义，因为数字货币在流动上几乎是无摩擦的，人们需要的只是足够数量的货币，而未必需要存款这种由银行创造的"魔术"。

数字货币也可能会解除客户对物理网点及自助机具最大的依赖——现金。随之改变的将是银行的基本经营模式，银行是经营风险的企业，但也是经营货币的企业，不要低估货币形态变化带来的影响和技术对这一影响的放大。

也许,解决金融危机的根本之道就是改变金融业揽存放贷、信用创造的基本业务模式,因为这一模式决策过于集中,对经济周期又缺乏足够的抵抗力。而且,这一模式也并非代表银行业务天生就该如此,只是自信用货币诞生以来并逐渐成为主流后形成的业务模式。

真正改变银行业的也许最终不是区块链,但是技术对银行业改变的影响则是毋庸置疑的,随着技术本身不断朝数字化的方向发展,被技术"裹挟"的银行也只能走向数字化。

3.2.3 转型似乎已无争议

增长是一个企业能够持续回馈国家、社会、客户、员工和股东的必要条件,因此,保持增长就成为企业的一项关键职责。但是,时代永远是非线性发展的,企业也无法永远保持主业的简单线性增长,转型就成为企业对时代变化做出的必要反应。

当社会仍处于持续接近信息化高级阶段、数字化仅仅刚开始的状态时,我们已经能看到改变银行的强大力量和要求银行改变的压力,也看到了银行正在被"脱媒"的现实,无论是在零售端还是批发端。我们也看到了科技公司正在积极地迈向"智慧城市"等基础设施领域,这将有助于其进一步走向真正的数字化阶段的阵地:对人们社会生活或者说人类行为覆盖得越来越完整。

我们能看到的更大改变来自监管。除了金融稳定委员会早就开始关注并首个在全球给出"金融科技"的官方定义外，2019年8月23日，中国人民银行正式印发了《金融科技发展规划（2019—2021年）》，目的是指导金融科技行业、银行业的金融科技发展方向，努力使金融科技发展更加有序。

当然，我们也能看到一些原本就致力于提升信息化能力的银行，比如国外的 Capital One、BBVA、ING 取得的成绩，以及近几年国内的建行、平安、招行等银行在信息化方面的奋进。更能看到全球银行都在加快"数字化转型"（虽然大多数银行实际上在做的还是信息化），不断加大投入，甚至以转型科技公司为目标，如摩根大通、高盛等。

数字化转型是社会发展、技术进步的大趋势，面对这一趋势谁都无法回避，银行本身就是信息化时代的先锋，银行业务也非常适合数字化，如今人工智能、区块链、大数据、云计算、移动、物联网等技术早已渗透到银行业务的方方面面，技术的落后就形同竞争力的落后，而数字技术能够带来的业态、组织、个人能力的变化，是无法忽视的。尽管数字化转型并不完全是技术问题，但不能在数字化时代取得技术优势或者跟上技术步伐，就如同放弃竞争一样。

金融说到底只是围绕金融需求提供的一种服务，而金融企业生存的前提则是具备服务送达能力，如果不启动数字化转型，银行失去的将是这一能力，进而失去服务客户的机会。

对于数字化转型，对很多银行而言，已经不用再讨论其必要性了，用一句俗语讲就是"干就对了"。

3.3 现有银行的信息化程度如何

现有银行对信息化都进行了较大的持续投入，所以银行业在各行业中属于信息化程度较高的行业，但是如果说到本书认为的数字化，则整个社会都只能算是处于起步阶段，银行也不例外，而且银行也还没达到信息化的高级阶段。

3.3.1 应用水平仍然有待提升

银行虽然有长达近 40 年的信息化历史，但是，信息化主要集中在对客户服务的业务方面，比如很早就开始进行的存贷款、支付结算等核心业务，后兴起的金融市场、投资银行、理财等业务，后端中与核心业务紧密相关的客户关系、风险管理、财务会计等系统建设业务。

内部管理方面信息化程度还不高，比如公文流转、规章制度管理（不要小看规章制度，国内外银行每年都有高昂的合规成本）、管理会计（成本的精确计算和分摊都是难题）、人力资源（多数还无法对员工进行有效画像和资源匹配）等。

还有一些是因外部环境导致的信息化水平不高，比如，由于大量环节依然是线下操作，资产证券化、债券承分销等业务仅能进行有限信息化。

即便业务迁移到了线上，可以持续改进之处依然很多，不少关键环节涉及的能力有待提高，比如资产证券化中对资产组合的计算、金融市场中的复杂模型定价、资金价格的实时计算、对公客户服务、零售客户差异化服务等。

最近 RPA 技术再度兴起，银行的运营环节可以通过 RPA 技术进一步提高效率，这也从侧面反映了银行的信息化仍然还有很大提升空间。

银行的数据挖掘能力也需要进一步加强，很多数据分析服务仍然停留在固定报表的层面，缺乏对数据的洞察。除少数银行外，银行的企业级数据管理能力都偏弱。

3.3.2　技术人员占比太低

谈信息化为什么会谈到人员结构呢？因为工作都是人做的。如果我们把衡量信息化的标准单纯放在计算机系统方面，那就有违信息化的初心了。读者可以回顾一下本书之前对信息化和数字化的讨论，信息化的目标是让人能够更好地依据信息进行决策，这对企业和个人而言都是一样的。所以，信息化一直在努力提高信息采集、加工、存储、传播的效率。

然而，依据信息做出决策离不开对信息的分析和洞察，而对信息的分析和洞察依赖的是对业务的理解，以及与业务实际、业务目标相符的分析能力，这种能力的形成依赖的又是业务人员和技术人员的合作，或者更好的说法是来自二者的融合。

融合并不是单纯聚焦于开发结果，业务人员提出需求，技人员做出系统，这只是实现，不是融合。融合意味着双方互相改变，技术人员和业务人员互相影响，尤其是对于传统企业的转型而言，融合的程度决定了信息化的真实水平和转型程度。

融合程度取决于什么呢？取决于人员结构。如果一个企业中业务人员和技术人员的比例是 100∶1，那么，技术人员能够对多少个业务人员产生影响？能够帮助多少个业务人员迅速判断他们的创新想法？技术人员数量的多少并不只是简单地影响实现速度，更重要的是在于，让技术人员有更多的时间与业务人员深入地探讨、理解业务，甚至走上一线亲身感受业务；也能够有足够的时间与业务交流，普及技术知识，激发业务人员更多的创新想法，使业务人员也更了解技术的作用和机理。这样才能产生融合，否则信息的传递是衰减的，融合的效果将很难想象。如图 3-3 所示，如果科技人员比例过低，则周围能够有效获取信息的人会很少，并且距离科技人员越远，了解的信息就越少。

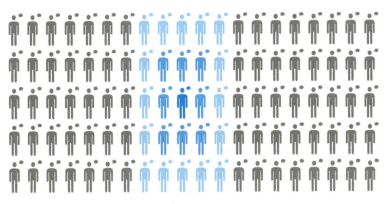

图 3-3 技术人员的融合能力界限

融合程度决定了信息化应用水平的高低，所以科技公司的技术人员占比普遍超过 50%，这是其经常对已有行业产生颠覆性创新的动力源，是业务人员和技术人员之间产生"核聚变"的基础。作为传统银行的代表，摩根大通和高盛已经将技术人员占比提高到 15%～20%，但他们依然难以在技术上取得优势；而作为非传统银行代表的 Capital One，其工程师占比则高达 85%，超过多数科技公司。Capital One 之所以与其他银行思维方式不一样，是因为人员构成不一样。即便有如此优势，Capital One 依然只从事若干个有限的金融业务领域，而不做全能银行。

从国内目前各行公布的数据看，技术人员占比普遍在 8% 以下，而其中真正从事科技工作的人员的比例还要更低。

3.3.3　组织结构老化

国内的银行普遍采用沿袭多年的条线制、总分行制管理方式，主要依靠垂直命令进行业务管理，尽管各行时常进行组织结构的调整，但是条线制、总分行的大结构始终没有变化，事业部制偶有出现，但是总体而言，登场机会较少。条线分割、部门协作问题经常出现在银行内外部的各类讨论文章中，这里就不举例了。

之所以将组织结构问题放在对信息化水平的衡量中，是因为从系统设计的角度而言，组织结构是输入，是系统设计的约束之一，系统设计的最终结果是与企业的组织结构、运作方式相对应的，与企业真实情况不符的系统是难以使用的。因此，是实现转型的企业创造了转型的业务系统。

如果银行的组织结构没发生较大调整或根本性改变，则很难依靠系统去改变企业，这个道理就像跑鞋能够提高但不能从根本上决定你的跑步成绩一样。企业的组织结构和运转方式是信息化应用水平的上限，不要指望不改变"传统"就能给"传统企业"赋能。

信息化竞争不等于堆砌新技术，不是谁的新技术用得多，谁就领先。新技术是自然涌现的，谁应用得更恰当、更能够产生技术合力、更能推动业务安全地向"一线做决策"转移，谁才会取得竞争优势。让信息真正改善人们的行为方式，这才是信息化的初衷。

综上，无论是从本书提倡的数字化的视角，还是仅从信息化的视角看，银行的信息化水平都还有较大改进空间，因此，现有的银行在数字化转型方面还有很长的路要走，还需要在信息化这个为数字化打基础的阶段多下功夫。

第 4 章 | CHAPTER 4
转型需要先转变思维

按照笔者的理解,现有的银行在信息化应用水平上仍未达到高级阶段,距离数字化尚有一段距离。银行的组织结构整体而言也并不足以匹配信息化的高级阶段,人员构成上也不足以支持产生深度融合的信息化应用。但是,跨界竞争带给银行的压力从来没有真正消退,尤其是那些具备较强技术优势的企业,有些科技巨头虽然并没有直接从事金融业务,但一直在为从底层改变金融业"添柴加薪"。

技术本身的进步将从外部极大地压迫银行,银行的改变无论是主动还是被动,都将是一个艰苦而持续的过程。那么,银行到底该如何认识自身的数字化转型呢?

4.1 数字化转型的内在是什么

根据 3.1.5 节的介绍，数字化转型指的是从当前信息化环境下的人类行为、组织形态向数字化环境下的人类行为、组织形态转变的过程。企业的数字化转型是社会整体数字化转型中的一部分，并非一个孤立事件。

所以本书谈的数字化转型，对于企业而言，其外在部分可以理解为两方面：一是业务方面，人类行为、组织形态从信息化方式到数字化方式的转型；二是技术方面，从构建信息化环境到构建数字化环境的转型。然而，二者中的任何一方都不具备决定性力量，过于强调其中一方，只会导致数字化转型的失败，真正将二者融合在一起的是数字化转型的内在部分——人的思维的转型。

每个时代都有符合其时代特征的思维模式，而思维模式与当时人类最主要的活动——生产活动的方式密切相关。

农业时代，人对于土地的依附程度很高，土地是最重要的生产资料，而跟随季节变化的农耕是最主要的生产方式，尽管商业可以带来巨大财富，但农业是"国本"，这一点在中外的古代历史中都有所体现。由于农业的特殊地位，人类的思维模式倾向于接受规则的束缚，无论是季节、地理因素等自然条件的制约，还是封建伦理道德等人文因素的制约，古代社会的很多习俗甚至可以流传千年，人们更习惯于"束缚"带来的确定性。

工业时代，人对于机械、能源的依赖程度超过了土地，与机械相关的工业制造活动对自然条件的依赖远低于农业活动，更需要的是资本。工业生产模式是人类对自然规律充分利用的结果，因此，工业时代的人类思维模式热衷于发现规律、利用规律，也包括打破规律的尝试。技术的发展和生产模式的变革一定程度上解除了土地对人类的限制，人的流动也加速了思维的融合与改变，全球化使思维的开放达到了这一时期的高峰。

在信息化时代，由于计算机和互联网的发展，地理因素对人类活动的限制大为减小，信息的快速流动使知识的获取变得空前容易，信息量的增长也导致分工、学科越来越细化，专业程度越来越高，当然，技术的发展也充分释放了人类的想象力。信息化是人类自主创造的结果，因此，信息化时代的人类思维模式不仅热衷于打破规律，更热衷于"创造"规律，概念和知识都呈现爆发式增长。

但信息化时代也产生了其特有的弊端，表面上看起来信息传递、共享能力获得增强，实际上却由于知识体系、人类组织、系统设计等诸多领域的割裂与分散，导致了学习成本的极大上升，知识壁垒代替土地、资本成为新的束缚。

在即将到来的数字化时代，由于虚拟空间的发展，地理因素对人的限制将降至有史以来的最低程度，远程协作、人机协同将成为主要的生产方式，无论是作为生产者还是消费者，人都将在虚拟空间中获得良好的用户体验，而这种方式会极大解除地理、资本及组织对人的限制。随着数字化程度的上升，知识将持续基础设施化、产品化，即知识的"封装"和"调用"将降低人的学习成本，从而使个人被充分赋能。

在数字化时代，人的思维模式将由于个人被充分赋能而产生极大的主动性和探索性，个体意识更强，但是伴随个体意识增强的并不是边界意识，而是充分尊重个体能力的协作意识，对于知识、信息则将更倾向于采用实用主义的态度。这种思维模式将使组织结构更为灵活、松散、扁平，与之相对应的是资源流动更加容易，也使组织与人之间的关系更为平衡。

各个时代的思维特征如图4-1所示。

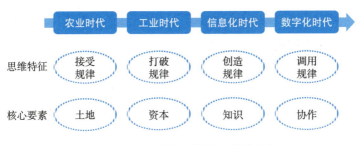

图 4-1　不同时代的思维特征和核心要素

从信息化到数字化是一个"结构"从割裂到融合的过程，是一个"关系"从竞争到竞合的过程，是一个"能力"从机器、代码重新回归到人的过程。这一过程也许听起来会让人觉得很漫长，但是从农业社会到信息化社会，人类的发展持续呈现加速态势，而技术的进步将提供更快的加速度。如今，一家企业变得强大甚至伟大，需要的时间越来越短。

对于现有的企业而言，如果希望能够很好地步入数字化时代，则应当以数字化愿景为导向，以提升当前信息化水平为阶段性目标，从推动企业结构的内部融合开始，扩展有利于自身信息化发展的外部生态，加强人员数字化能力的培养，从业务和技术两端推动人员和企业的思维转型。未来并不遥远，未来已来。

4.2 银行数字化转型需要的业务思维转变

从当前的信息化水平到信息化高级阶段再到数字化阶段，是一个演进的过程，这一过程中需要业务思维持续转变。在信息化阶段，我们区分业务人员和技术人员很容易，而到了数字化阶段，区分二者会变得比较困难，甚至没有必要。这意味着业务端将发生很大的转变。

对银行而言，这种转变并非要业务人员现在就捧起书本、操起键盘开始学习技术知识，而是从逐渐改变以往经营银行、看待金融业务的方式开始。

4.2.1 重新认识社会与客户

其实银行在客户身上一直很努力，尤其是当你深入了解银行柜员、客户经理的实际工作后，你会深刻体会到银行基层员工的付出。他们的压力年复一年地增加，并且还在经受新技术对人力资源替代的"威胁"。

信息技术的发展改变了对客户的认知方式，尽管对银行而言仍然有些业务环节需要"眼见为实"，但是，数据的力量确实在改变银行的业务模式。互联网企业依靠自身生态积累起来的大数据基础，对其发展金融业务的支持已经无须赘言。

除了这些读者已经耳熟能详的因素外，对银行影响更大的其实是社会变迁和客户"换代"。

社会变迁意味着生产模式的改变，也就是资源分配方式、生产角色的变化，正是这种大趋势变化造就了银行的繁盛，也导致了无数行业的消亡，如同行业版的"进化论"一样。有些学者、银行家思考这个问题，但很少有银行在持续关注和认真研究这个问题，更遑论将其认知传导给整个机构。如今，银行业在跨界竞争者和技术的"推挤"下走到了行业发展方向的"十字路口"，也许该到历史中找找答案，深刻认识下金融本质了。

客户"换代"意味着服务方式的变化。90后已经步入社会，逐渐成为新生核心力量；00后也已经快要完成学业，至于10后，他们已经在影响家庭的支出结构了。如果说银行很在意支付宝、微信对银行生态的影响，那么也许该恭喜银行了，在新生代中，微信并不具备完全统治地位，他们的社交软件更加多样化。反倒是参加工作之后，微信的"办公"属性成了"获客"利器，但是，这方面也面临着钉钉的竞争。

银行对新生代客户的研究远远不足，数字化时代的人是被充分赋能而更具选择权的，因此，数字化背景下的客户关系管理是更为个性化、差异化的。这不仅是收集数据就可以实现的，数据的洞察来自对刻画对象的特性的认知，银行中缺少"行为学家"，缺少对客户的"科学"理解，数字化的银行不是一个"金融专业"团队，而是一个跨学科、综合性的"认知"团队。

在这方面，数字化技术的作用是辅助认知能力的提升而非完全替代认知，想必各位读者也领教过互联网企业依靠人工智能技术进行新闻、商品等信息"推荐"的能力，也曾厌恶过甚至刻意去改变"推荐"结果，这就是替代认知的弊端。

Capital One 在认知方面算是领先者，他们一直在持续观察技术进步对社会、客户的影响，从中寻找提供金融服务的合适方式和价格。

银行业务思维的转型应当从对社会和客户的认知开始，尤其是对社会和客户走向数字化的过程的认知。如果缺乏这方面的认知，那么，银行自身的数字化转型就是盲目的，如同本书反复论及的，银行的数字化转型只是整个社会数字化转型的一部分而已。

4.2.2 重新认识银行业务模式

1. 当前金融业务的核心模式

"金融"几乎是所有读者都耳熟能详的名词，但实际上在理论界，金融的概念并不是十分统一的，有的将其定位为价值流通，有的将其定义为并不创造价值的交易活动，既有仅按照借贷活动定义的狭义金融，也有囊括借贷和所有信用相关经济活动、各类银行业务的广义金融。这些概念虽然各有区别，但是总体上看，金融是以借贷为基本形式的信用活动，这是银行的基础业务，很多金融业务都是信贷业务的变体，或者说其内部管理思路与信贷管理接近。

银行是商业性的，也就是说银行业务是有盈利目的的。银行管理的三性要求指的是"安全性、流动性、盈利性"，因此，银行从事信贷业务是以盈利为目标的，而银行的盈利取决于其对风险的控制能力，也就是风险成本的高低。所以有人说银行是经营风险的，银行对风险的管理也是各类行业中重视程度较高、体系较为复杂的。

稳健经营的银行会在控制信贷对象和追求盈利目标之间寻找平衡，因为银行体系的稳定会直接影响社会经济乃至社会的稳定，这一点国内外都是如此。每次经济危机首当其冲的就是银行。但银行的效益主要来自于规模，资产规模和负债规模，这两者决定了银行主要的盈利来源——息差的规模，这又使银行不得不关注规模的扩张。

揽储、放贷、收息，这三件事就成了银行经营的核心活动，而风险控制就融合在核心活动之中。这个极其简单的业务逻辑"控制"了绝大部分银行人的思维，对很多银行人而言，这就是金融的本质，银行就是依据金融的本质在经营。

银行拼命争夺信用良好的优质客户，为的是获取一个安全的信贷资产，于是普惠金融就成了世界难题。因为银行集中承担了信用风险（如图 4-2 所示，核心资本是银行抵御风险冲击的关键),所以在骨子里,银行把自己定位为信贷业务的经营者,而非资金融通过程中的服务者,从某种程度上讲,银行挣的并非金融服务费,而是资金的风险溢价。

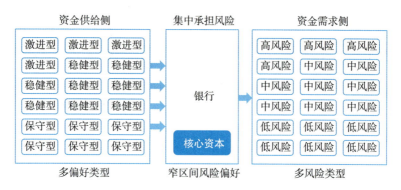

图 4-2 当前由银行集中承担金融风险的业务模式

这也许就是布莱特·金(Brett King)先生认为"多数银行的经营结构没有发生任何变化"的根本原因,因为多数银行的业务逻辑并没有改变。

2. 对基于风险匹配的业务模式的思考

其实金融的本质不是借贷(借贷是金融的业务表现),而是提供金融资源的配置服务,并协助金融资源的流动。这是"融"和"通"的根本含义,也正是现在常说的服务实体经济,换句话说,从金融的本质角度看,揽存放贷并不是银行必须做的,而只是金融的实现方式之一。在数字化背景下,金融本质会改变吗?也许依然不会,但是数字化却能够改变银行践行金融本质的方式。

数字化是充分赋能个人的，这其中当然包括资金供给和需求信息、信用评价信息的易获得性，也包括为个人做出合理且符合个人偏好的借贷决策的"智能助手"，而这个"智能助手"也许就是银行在数字化环境下的角色。赋能个人意味着个人有能力承担金融风险，而银行未必再需要集中承担金融风险，银行可以因此而真正成为资金融通过程中的服务者，也形成供需两端更为对称的风险承担模式（见图4-3），这也是直接融资模式的最大化实现方式。

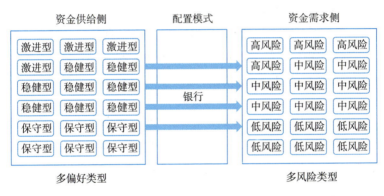

图4-3　更为对称的分散承担金融风险业务模式

图4-3所示的这种匹配与目前频繁"暴雷"甚至被取缔的P2P模式有着本质的区别，P2P匹配的是交易需求，在风险防控方面有明显不足，有些P2P平台甚至严重缺乏基本风控措施；而上面的这种数字化条件下的匹配，其本质上匹配的是风险，将资金需求方的风险水平与资金供给方的风险偏好进行匹配，这是基于精确的客户画像、风险画像的"撮合"，而非简单的资金上的"撮合"。

在数字化背景下，国家的经济政策，尤其是对微观经济运行具有直接指导、调控目的的金融政策、信贷政策也是会逐渐数字化的，监管科技的发展方向也是如此。"智能助手"的形式更易于将国家政策作为变量引入其模型中，实现国家微观政策真正在微观层面的数字化执行。

数字化时代的经济模式由于技术对个人能力提升的持续支持，很可能是具有高度自主能力的"自+"经济模式，在这种条件下，普惠金融的解决方案之一也许正是在信用评价信息充分且易获得的前提下的金融风险分散化方案，也可以称之为"自金融"，是一种广泛的基于风险偏好和风险有效度量的金融交易撮合（而非集中的、窄偏好区间金融资源分配），一种代表更多选择权和自主交易的银行业务模式。

基于风险匹配资金的金融业务模式能够覆盖大部分的资金供需关系，而它无法覆盖的是在一般商业逻辑下无法满足的需求，也即市场机制不能解决，需要财政、公益等非商业逻辑主体进行综合考量的部分。

3. 数字货币可能更支持这种业务模式

也许读者觉得基于风险匹配资金的业务模式有点遥远，其实不然，货币的数字孪生——法定数字货币已经越来越近了。我国央行对法定数字货币（DC/EP）的公开介绍中已经明确指出，法定数字货币可脱离传统银行账户实现价值转移，使交易环节对账户的依赖程度大为降低，可以像现金一样易于流通。

那么，人们对银行的需求则将从支付便利、资金安全转变为单纯对收益的追求。廉价资金越来越难以获得，从而使银行不得不将存款业务向理财方向转变。这种转变最终可以变成上文所述的业务模式，这样银行能够摆脱资金成本、信用扩张带来的负担，而信贷资金实际拥有方则可能获得更高收益。这种"双赢"会形成资金供给方的风险偏好多样化，也许能够进一步提升金融资源配置效率。

这种业务模式将会改变信用风险的承担模式，也使银行真正将重心回归到金融服务上，回归到服务实体经济上。银行对自身业务模式转变的思考不应当等着数字货币的降生、扩散再开始，而应当从现在开始充分、大胆地面向数字化未来进行思考。

关于数字货币对银行存款业务的改变请见附录 A，对这一主题本节不再展开。

4.2.3 重新认识竞争者

在走向数字化的过程中，随着社会、客户、业务模式的改变，金融服务提供者也会发生变化。

关于提供者，目前讨论最多的莫过于跨界竞争者，其实所谓的"界"，按照现有的金融行业管理模式而言，指的主要是牌照形成的监管边界，是对一个机构能否从事某项业务的监管要求。

现有的金融业务基本上都是持牌业务，比如存款、贷款、支付等,而目前的监管方式针对的是行为主体,也就是提供金融服务的机构,向机构发放牌照,对机构进行监管。由于技术手段、执行难度等多种原因,很难做到完全面向行为的监管。

金融业务利润"丰厚",但这并非指金融是"暴利"行业,按照资产净利润率计算的话,银行是典型的"薄利多销"机构,即便是很优秀的银行,这个指标也仅能达到1%左右,甚至远低于很多人认为赚钱难的制造业(通常认为制造业可达10%)。但是对于那些资金充裕、在自己业务领域内可以窥见大量金融服务机会的企业而言,金融业务既能够为闲置资金带来稳定的收益,又能让自家的生态链更为完善,"跨界"的诱惑很大。

然而这些机构并不能直接提供金融服务,金融在国民经济中的地位太关键,只能够持牌经营、严格管理,这点无论是国内还是国外都是一样的,所以一些大集团往往会成立财务公司等非银行金融机构来提供此类服务。这些财务公司还不算是很激烈的跨界竞争者,因为它们只能在集团内部提供有限的金融服务,而从电商领域冲过来的竞争者们则是很激烈的。它们服务于整个电商生态,而这个生态跟银行的金融生态之间是重叠度非常高的,尤其在小微企业和个人客户端。

这些跨界竞争者如第1章中介绍的那样,依靠技术优势、数据优势对银行的业务做法发起直接冲击,这在一定程度上,也带动银行加速了新技术的应用。这些竞争有利有弊,但是至少让大家意识到技术能够产生巨大的推动作用。

由于整个社会信息化水平目前尚未达到其自身的高级阶段，信息不对称、信息可信度等问题仍旧制约着金融服务提供方式，很多客户抱怨金融服务流程烦琐冗长，这一方面是银行服务有待改进，另一方面也受当前信息化水平的影响，为了增加信息的确定性而产生的成本。

但是，随着技术的发展，区块链、大数据等提升信息确定性、信息分析能力的技术将会进一步解除信息对金融服务提供方式的制约，而随着这种制约的降低，"跨界竞争"这个问题也需要被重新定义。对于传统银行而言，更不利的竞争局面也可能出现。这是因为以下几点。

第一，银行对于客户的了解程度并不比其他机构高。比如，供应链上的核心企业对自己所在行业、上下游企业的认知应该是比银行更高的。电商在自己的领域中掌握着商户第一手的交易信息，也掌握着消费者的购买记录、还款信息，这些企业都比银行更了解客户。

第二，金融本身是次生需求，只有买东西钱不够了才会产生融资的需要，所以任何一个银行都不大可能构筑起所谓端到端的金融生态。一些银行尝试过自建电子商城，但是结果都不甚理想，银行还是只能嵌入到生态中。

第三，数字化赋能对"自金融"的推动。在数字化条件下，金融服务提供主体的分散在一定程度上可以改变金融风险的分布，从而有利于降低金融服务成本，也使定价更加多样化。当然，前提是技术对决策能力的充分辅助。

基于上述因素，监管逐渐转向对行为而非主体的监管是有可能的，而对行为的监管将意味着主体可以逐渐多元化。"自金融"由于风险的分散，也可能会降低对准入门槛的限制。但是，"自金融"的风险分散与现有银行体系的风险集中模式之间的优劣比较还有待充分思考，前者可能更有利于在社会层面抵御风险冲击，但是同样也会产生一些弊端，比如政策传导的不确定性。

总之，无论如何，传统银行不能够把牌照当作永久的"护城河"，正如同最早的银行并非持牌经营一样。银行必须正视来自任何方向的挑战，未来的金融竞争将是多元化的，也正因如此，建立竞合关系远比竞争关系重要。

4.2.4　重新认识监管者

监管者已经在努力提高数字化水平，"科技监管科技"已经成为共识。金融稳定委员会在 2016 年最先给出了金融科技的监管视角概念，欧洲各国央行对金融科技给予了持续关注，不仅是人工智能、大数据、隐私保护等银行较为成熟的应用领域，对于区块链等尚未成熟的应用领域也给予了充分关注，并且有多项实验性项目正在开展。Facebook 的 Libra 引起的监管关注更是"盛况空前"。

此外，美国联邦贸易委员会（FTC）、美国参议院司法委员会反垄断小组也在对大型科技公司涉及的垄断、阻碍创新等问题进行专题研究。对金融科技的关注已经是世界性的，并且超出了传统金融监管机构的范畴。

我国央行在 2019 年 8 月 23 日出台了国家首个金融科技发展指导性文件《金融科技（FinTech）发展规划（2019—2021 年)》，从发展趋势、发展目标、重点任务、保障措施四个方面阐述了金融科技的发展规划，指明方向的同时，也明确提出要划定行业底线。

由于金融科技监管具有金融和科技的双重复杂性，监管机构自身的人员结构将逐步调整，监管方式也在逐步提高非现场监管的比重和对技术手段的关注。

在银行业数字化转型过程中，监管机构自身对数字化的理解至关重要，各国的监管机构都已经清晰地认识到这一问题，并持续加强监管机构、监管方式的数字化转型工作。

4.2.5 业务向技术靠近一步

上述变化的动力大部分来自技术进步，技术改变人们的生活习惯、社会形态，也因此改变了业务模式、竞争方式，当数字技术成为最主要的生产力时，业务与技术的关系就不再仅仅是实现，而是融合，深度融合。

也许很多人会问，这是不是意味着业务人员要改变其知识结构和劳动技能？长期来看是这样的。这就如同在农业社会，人们普遍有丰富的农业知识，但是没多少人懂得机械、物理知识；在工业社会，人们对机械、物理知识了解增多，技术工人不断增加，但是懂信息技术的人较少；在信息社会，目前计算机教育已经有普及趋势，部分发达地区甚至出现学龄前化，苹果的开发者大赛中，十二三岁的优秀开发者时有出现。在任何一个时代，人都需要具备与之相对应的基本技能。

尽管未来业务与技术的融合会是一件很自然的事情，但是目前，"数字鸿沟"还是现实存在的，它制约了技术对业务的支持能力，也限制了业务可以带给技术的发展机会。

无论是银行还是其他企业，走向数字化的过程都是一个业务人员重新调整自己（之所以强调业务人员，是因为目前主流群体还是业务人员），并与技术人员更好协作的过程。而且，这不仅是一个向技术人员开放自身的过程，更是一个业务人员"刷新"自己，与时代融合的过程。

4.3 银行数字化转型需要的技术思维转变

现在的银行基本上都已经充分认可了技术对于业务发展的重要性，从各家银行发布的战略上就可窥见一斑。但是目前国内大多数银行仍旧是以业务人员为主导的，除了微众、网商这类脱胎于互联网公司的银行具有较强的科技公司特点外，银行在数字化转型这个课题上都还需要更深入地推动自身技术思维的转型。

4.3.1 重新认识技术应用的体系性

银行对数字化和新技术"兴趣"广泛，但是整体而言，多数银行对技术的整体规划、技术联动的关注不深入，部分技术甚至在一家银行之内也有多种平台，一体化设计不足。

目前银行面临技术转型，努力在分布式架构、敏捷开发过程以及各类专项技术上缩短与互联网企业的差距，金融科技的战略性地位持续上升，而金融科技战略也往往包罗万象，但是总体上，如 Capital One 所言，是从业务视角看在哪个环节可以应用哪类技术，而非从技术视角看技术可以如何改变业务。

银行应当增加从技术视角观察技术带给周围环境的变化，从技术视角看如何更好地服务客户，改变业务原有的痛点，也即银行的金融科技战略中应当有专门的部分对未来一定时期内，基于技术发展趋势可能出现的社会生活变化进行描述，需要进行合理的"科幻"，并以此作为一段时期内的技术应用方向指导。

银行的数字化是社会数字化的一部分，脱离社会的数字化谈银行的数字化是没有意义的。合理的"科幻"正是对社会发展的基本预判，而这一预判，最重要的是理清各类技术发展的主要趋势所能形成的合力，将对这一合力的设想引入银行内部，形成银行对技术合力的理解和掌控。

银行应当全面梳理自己的技术体系，在纷乱复杂的应用和技术选型中逐渐理出自己的主脉，建立技术体系之间的联动。很多企业目前热衷于学习阿里巴巴提倡的"中台"，关注其落地方式，但是通过认真研究我们可以发现，阿里巴巴的"中台"实际上是一整套技术体系的合力，由于其具备深厚的平台实力，才可以有效承载更多技术类型的应用。

很多互联网企业都有自己的独特技术优势，银行应当从互联网企业学习的正是其技术管理能力，对于银行来讲，技术确实在改变业务，但是改变得还不够系统、协调、彻底。

尽管技术的发展有"涌现"的特征，走势难以预料，但银行还是应当基于自身的实际，从业务架构出发设计整体技术体系，并对架构中不同领域上应用的技术有明确的规划，从而实现对技术的整体串联，减少在单点上过度追逐技术新颖性的行为。技术是一盘"大棋"，而非零散的"神来之笔"。

4.3.2 重新认识基础研究

1. 必须关注基础研究

技术竞争的核心在基础研究而非应用，虽然现在常说"科技赋能金融"，但是"赋能"一词有明确的主被动关系，接受"赋能"的一方是被动者，是以在分工中接受自身不具备这种能力的构建为前提的。对大型金融机构来讲，这种分工无异于科技能力的"空心化"，其实际影响可以考察美国制造业"空心化"之后的结果以及近年来美国不断恢复、提升制造业的努力。

2018年9月12日，2017年度银行科技发展奖评审领导小组会议召开，会上中国人民银行副行长范一飞明确指出，银行业要重视对基础技术和关键技术的研发，按照需求导向、问题导向、目标导向，从国家发展需要出发，提升技术创新能力，稳步推进安全可控技术在金融领域的应用。2019年8月23日，央行印发的《金融科技（FinTech）发展规划（2019—2021年）》中，也明确提出要金融机构"提升新技术自主掌控能力"。

我国大型金融机构近年来由于持续开展信息系统建设，尤其是企业级信息系统建设，自主研发能力已经大为增强，建行、平安、招行、兴业等金融机构在自建之余已经开始对外输出科技能力。银行推动的"产学研"联合在逐步展开，但是，对关键技术的研发能力仍有不足，人工智能等新兴技术的实现、平台搭建仍需要较多依靠外部力量，在基础研究方面的投入略显不足，需进一步转变观念，持续加强基础能力建设，加强对核心技术的掌控和驾驭。

2. 国外大型银行的趋势

国外大型金融机构采取的是较为明显的"能力占有"策略。除了积极开展自研外，麦肯锡对全球100家领先银行的调研结果显示，52%的银行与金融科技公司有合作关系，37%的银行采用风投或私募的形式布局金融科技。比起外包或者满足于对技术的应用，国外大型金融机构更感兴趣的是技术本身及其研发能力的获得。

外包和采购的确可以加快新技术应用速度，也使社会分工显得更为合理，但是，数字化时代的核心生产力就是数字化技术，而未来的竞争主体也很可能从当前的跨界演变为多元主体，对于希望在竞争中持续保持优势地位的大型传统银行来讲，不掌控核心技术将是难以想象的。

3. 应当面向未来

2018年年底，Gartner曾经发布2019年十大技术趋势，包括自主设备、增强分析、AI驱动的开发、数字孪生、赋权的边缘、沉浸式体验、区块链、智能空间、数字道德和隐私、量子计算。同一时间，IDC也发布了2019年十大技术趋势，包括人工智能成为新的用户界面、新的开发者阶层（数字化转型）、应用开发革命（微服务）、数字化经济、边缘计算快速增长、更高信任度（数据加密、自动化、区块链）、机构使用多云服务（混合云）、数字化原生IT、通过专业化实现的增长（量子计算机、SaaS）。

这些趋势在2019年都有不同程度的发展，而2019年10月，Gartner又发布了2020年十大技术趋势，包括超自动化（Hyperautomation）、多重体验（Multiexperience）、专业知识的民主化（Democratization of Expertise）、人体机能增强（Human Augmentation）、透明度与可追溯性（Transparency and Traceability）、边缘赋能（The Empowered Edge）、分布式云（Distributed Cloud）、自动化物件（Autonomous Things）、实用型区块链（Practical Blockchain）、人工智能安全（AI Security）。其中尽管表述有些不同，但是人工智能、边缘计算、区块链等技术得到延续，而2020年的技术趋势中，对个人赋能的技术也有所增加，如多重体验、专业知识的民主化、人体机能增强。

这些技术对未来数字化的全面实现都是非常重要的。但是，目前各银行在这些方面的关注和参与都还比较少，银行应当不断提升面向未来的核心竞争力，这才是长久的生存之道。笔者收集整理了Gartner自2015年以来发布的年度十大技术趋势，并突出了一些得到持续关注的技术，如表4-1所示。

表 4-1　Gartner 自 2015 年以来发布的年度十大技术趋势

2015 年	2016 年	2017 年	2018 年	2019 年	2020 年
无处不在的计算	终端网络	AI 和高级机器学习	AI 基础	智能设备	超自动化
物联网	环境用户体验	智能应用	智能应用和分析技术	增强分析	多重体验
3D 打印	3D 打印材料	智能对象	智能物件	AI 驱动的开发	专业知识的民主化进程
无处不在却又隐于无形的先进分析技术	万物联网信息	虚拟现实和增强现实	数字孪生	数字孪生	人类增强
充分掌握情境的系统	高等机器学习	数字孪生	云向边缘计算挺进	边缘计算	透明度与可追溯性
智能机器	自主代理与物体	区块链和分布式分类账	对话式平台	沉浸式体验	边缘计算
云/用户端计算	自适应安全架构	对话系统	沉浸式体验	区块链	分布式云
软件定义的应用程序和基础架构	高级系统架构	网格应用和服务体系架构	区块链	智能空间	自主设备
网络规模 IT	网络应用程序与服务架构	数字技术平台	事件驱动	数字道德和隐私	实用型区块链
基于风险的安全与自我防卫	物联网架构及平台	自适应安全架构	持续自适应风险和信任	量子计算	AI 安全

4.3.3 技术向业务靠近一步

大型商业银行，尤其是采用开发中心模式的银行，开发中心很多技术人员几乎都没有直接接触过银行一线业务，由于技术人员占比较少，他们多数时间都忙于开发任务，忙于"实现"，而很少有机会了解"现实"，这不仅对于高质量的交付是障碍，实现业务与技术深度融合更是难上加难。

大型商业银行必须增加技术人员的数量，以达到技术人员可以"走出来"的基本要求，技术人员只有深入业务人员之中，才能对技术实现有更好的想法和感觉，只是解读需求文档，与项目参加人员进行有限沟通，是难以产生好想法的。

摩根大通、高盛都已经通过这种方法来提升技术人员与业务人员的融合程度，让技术人员能够以更快捷、更便利的方式解决业务问题，有些业务需求其实根本不需要上升到系统开发层面，而这种随时随地的交流对于向业务人员传输新技术趋势、知识，效果也远好过低频的集中培训，在实际工作环境中，技术人员和业务人员更容易产生"火花"。

除了增加技术人员的数量之外，工作机制也需要适当转变。让技术人员的收益与业务条线、产品的收益逐渐挂钩，从而形成科学的内部成本核算体制，将科技人员与业务人员的收入更好地衔接起来，逐步改变原来的"甲方"与"乙方"的关系，成为风险、收益共担的产品团队。央行的《金融科技（FinTech）发展规划（2019—2021年）》对此颇有前瞻性，明确提出"结合客户个性化需求和差异化风险偏好,构建以产品为中心的金融科技设计研发体系",这种体系的落地离不开二者现有工作方式的改变。

对于中小型商业银行,培养一支人员数量充足、素质足够的技术团队是很奢侈的事情,但是,未来的竞争离不开对技术的熟练运用,所以,中小型银行需要认真思考其发展方向。Capital One 具有很强的技术实力,但是仍然没有做全能银行,这一点很值得中小银行思考。尤其是面向未来,在银行基本业务模式也可能变化的前提下,只有慎重选择业务模式,才可能维持一个规模合适的技术队伍,并保证技术人员与业务人员充分的接触。

4.4 思维转变的利器:企业架构

上至国家治理下至企业经营,顶层设计都是一件很重要的事情。无论规模大小,企业都是一个整体,企业的生存、发展都依赖于其形成合力的能力,而这一能力的形成有赖于构建适合其战略执行的企业架构(Enterprise Architecture,EA)。

4.4.1 企业架构简介

"企业架构"并非新词,在 IT 领域已有快 30 年历史了。企业架构是 20 世纪 80 年代的产物,其标志是 1987 年 Zachman 提出的企业架构模型,该模型按照"5W1H",即 What(数据)、How(功能)、Where(网络)、Who(角色)、When(时间)、Why(动机)六个维度,结合目标范围、业务模型、信息系统模型、技术模型、详细展现、功能系统 6 个层次，将企业架构分成 36 个组成部分，描述了一个完整的企业架构要考虑的内容。

1995 年，大名鼎鼎的 TOGAF 诞生，据称在企业架构市场中占了半壁江山。TOGAF 将企业定义为有着共同目标集合的组织的聚集。例如，企业可能是政府部门、一个完整的公司、公司部门、单个处/科室，或通过共同拥有权连接在一起的地理上疏远的组织链。TOGAF 进一步认为企业架构分为两大部分，业务架构和 IT 架构，大部分企业架构方法都是从 IT 架构发展而来的。TOGAF 强调基于业务导向和驱动的架构来理解、分析、设计、构建、集成、扩展、运行和管理信息系统，复杂系统集成的关键是基于架构（或体系）的集成，而不是基于部件（或组件）的集成。

在 TOGAF 之后，又先后出现了 FEA（联邦企业架构）和 DODAF（美国国防部体系架构框架）。

4.4.2 企业架构对数字化转型的意义

从上述关于企业架构的介绍中可以品味出，IT 设计其实一直都不是只聚焦在功能实现上，而是从很早就开始提倡追求其真正目标——实现企业的价值。

业务和技术本就应该是统一的、一体的，它们都是企业的有机组成部分。架构研究的核心是结构和关系，企业架构也是如此，我们可以说它是部门的设置和协作关系，也可以是经常被讨论的业务和IT的关系,目前热门的"中台理论"也是一种企业架构设计方式,同样考虑了业务与技术融合的问题。

一个好的架构有利于企业战略的执行,尤其是数字化转型这种举全企业之力进行的大战略。数字化转型是业务与技术的深度融合,而融合需要机制,需要二者建立有效的连接,企业架构正是这种连接方式。战略通过业务架构分解到业务流程,并将业务能力体系化、结构化地分解到企业的各个业务部分,再转化为IT需求,通过与业务目标匹配的IT架构完成技术实现,将企业的战略和能力、业务和技术有机串联起来,构成一个协同的整体。

不构建一个良好的企业架构,"东一榔头西一棒子"地堆砌技术应用是难以实现数字化转型的,尤其是对于传统企业而言。因为这些企业是在一个既有的体系上进行整体转型,如同对一支军队进行整体武器装备和技战术升级,装备繁乱会给后勤补给带来巨大的困难,战术不协调则会影响武器和人员的作战效能。

企业架构并非大企业的专利,任何企业其实都有战略,无论表现形式如何。战略和企业架构设计本身并不神秘,任何企业都可以尝试,而形成良好的战略思维习惯和架构管理能力则是有百利而无一害的。

4.4.3　企业架构中最容易被忽视的一环:业务架构

数字化转型往往会被认为是一个技术问题,很多企业即便在当前的信息化建设中,都不甚重视企业架构,更不用说企业架构中最容易被忽视的一环——业务架构。

笔者在《企业级业务架构设计：方法论与实践》一书中，将业务架构定义为：以实现企业战略为目标，构建企业整体业务能力规划并将其传导给技术实现端的结构化企业能力分析方法。

业务架构的理念从诞生之初就很清楚地定义了自己的使命：面向复杂系统构建。也就是说，业务架构同其他架构一样，目的也是降低复杂度，更好地规划和实现系统，因此 TOGAF 是将业务架构归属于 IT 战略部分。

但是从笔者的实践经验看，业务架构更显著的作用是对参加过企业级业务架构设计工作的业务人员的影响，他们的逻辑思维能力、结构化能力、企业级观念和意识都有明显改变。所以，应当将业务架构从 IT 战略中独立出来，更多面向业务人员，以充当业务与技术之间的桥梁。

在通向数字化时代的进程中，"业务架构桥"对于帮助企业完成深刻的数字化转型具有至关重要的作用。纷乱复杂的业务理想经过"业务架构桥"的梳理，展现出其企业级规划的秩序，从而使 IT 设计更接近业务的核心诉求和内在逻辑，而不是被业务表象牵引。五花八门的技术实现方式，也只有通过业务架构，根据业务能力进行对位后，才能更好地被业务人员理解。

"业务架构桥"是当前跨越"数字鸿沟"的有力工具，但却被很多企业忽视了，而忽视的理由多半是在短期试验过后，即抱怨其复杂、"假大空"、难落地，很快回到规避核心问题的老路上。虽然大家都知道老路解决不了问题，但是很多企业仍不愿意脱离路径依赖带来的舒适感。

作为企业的集体行为，数字化转型必须有整体设计，这是数字化转型操作中最难的部分，因为多数企业目前对企业架构，尤其是对其中的业务架构重视度不够。企业通常是在对整体认识不足的情况下，"押宝"技术对业务的改变能力。

数字化转型是企业深层次的改变，从业务到技术，从管理者到执行者，改变需要整体协调。这种协调性来自优秀的企业架构管理能力，来自以战略落地为目标的企业级业务架构设计能力。

第 5 章 | CHAPTER 5

数字化转型的路径与目标

3.1.5 节指出,数字化转型并没有唯一路径,不同行业的数字化方式会有不同,且数字化不等同于信息化,技术基础和实现结果也不同。但是聚焦于银行业时,笔者尚可尝试着讨论一下。

由于技术的发展具有涌现、跳跃甚至反复的特征。很难具体预料,因此本章侧重从方法论的角度阐述数字化转型,对于技术产生的数字化银行外在形态改变,则在下一章中进行"猜想"。这样可对企业管理视角的转型方法论和具体的技术实现结果做个分离,以减少二者的互相干扰。

5.1 数字化转型总体路径

当前各类银行都在信息化上投入不菲，但总体而言，尚未达到信息化的高级阶段，那么，进入数字化阶段之前应当是先完成信息化的高级阶段。但是，如果将两者截然分开去谈，则忽视了业务、技术演化的连续性，也会让读者在思考上产生不必要的"断层"，因此，本书将这两阶段的转型思路连贯起来，以数字化为最终目标进行阐述，以方便读者理解和比较。

数字化转型本质上是一种企业转型，企业转型的一般方法论同样可用于形成数字化转型方法论。

企业转型是企业对内外部环境变化的综合反应。转型意味着企业长期经营目标、业务模式、组织结构、资源配置等方方面面的整体改变。因此，转型的决策通常要由领导层做出，而领导层做出的转型决策通常体现为企业战略，比如本书讨论的话题——银行数字化转型，就是银行应对数字化发展趋势和跨界竞争的一种战略。所以，数字化转型的起点，对企业而言一般是战略转型，通过战略设定新的发展方向，通过战略统一企业的整体认知，进而形成统一的行为。

战略设定后，企业将开始调整自己的内部体系。战略通常是与一定时期的环境相匹配的，旧的战略适应旧的环境，新的环境则要求新的战略，这就决定了旧战略决定的内部体系与新环境即新战略之间是有差异、不能完全匹配的。为了使新战略得以实现，势必要调整旧的内部体系，这就会涉及架构调整，这是配合战略转型的架构转型，以重塑企业的价值链。所以，战略转型的紧后工序就是架构转型。

数字化转型，从企业整体看，应当是技术与业务的深度融合。在重塑价值链后，企业必须具备与战略、企业架构相适应的技术支持能力。但是技术本身变化莫测，企业转型方法论不会建立在具体的技术类型上，而是聚焦于企业真正薄弱的环节。比如，对银行而言，就本书所分析的银行与互联网科技公司的竞争历程来看，更缺乏的是技术管理能力，是看待技术的更合理的视角，这是如何才能增加自身科技基因的问题。

最后，战略落地、架构转换、技术支持都是为了实现一个目标，即更好地服务客户，从而实现企业主营业务的增长。业务转型是企业转型最终的对外呈现，是客户、员工最终看到的转型结果。当一个企业的内在发生了足够大的变化时，它一定可以产生颠覆性的外在变化，这是企业都希望实现的颠覆式创新和跨越式增长。业务的成败是检验转型是否有效的最终标准。

综上，银行的数字化转型可以采取这样的路径：战略转型→架构转型→技术转型→业务转型（见图5-1）。

对数字化转型而言，关键在于实现业务与技术的深度融合，而非单纯依靠其中的一方，技术转型和业务转型都要把促进二者的融合作为主要任务。

在数字化转型方面，新设立的银行可能会有后发优势。它们没有或者极少有历史包袱，可以比较容易形成有利于数字化银行的整体架构，尤其是银行规模相对较小时，管理半径短、沟通复杂度低、利益纠葛少，只要适当掌握些战略、业务分析工具，如战略房子、画布分析法等，搭建起总体结构并不困难。难点反倒是这个阶段银行生存压力大，重心往往不放在这里，而是在成长到一定规模时才回头关注这个问题，补偿"架构债"，导致这一过程由"简"变"繁"。

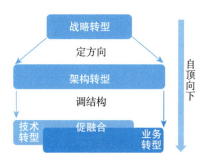

图 5-1 银行数字化转型总体路径

本书对银行数字化转型方法论的介绍将以笔者在《企业级业务架构设计：方法论与实践》一书中介绍的企业级业务架构设计与实施方法为脉络，尝试用企业架构视角进行阐述。由于篇幅和能力的限制，笔者的阐述会侧重于架构分析的体系性，并集中于转型的重点方面，而不会面面俱到。

5.2 战略转型

5.2.1 战略与企业架构的关系

战略是企业的最高意志，决定了企业的总体发展方向，因此，战略的实现要凝聚整个企业的力量，要求企业的方方面面与之"对齐"。

那么耗费巨大精力制定的战略，尤其是转型战略，如何能够避免流于形式，有效地向下传导呢？这需要企业架构的支持，良好的企业架构可以对战略的传导起到非常重要的支持作用，而战略的贯彻本身也要求企业架构与之相适应。

大的战略调整一般都是在企业感受到较为巨大的内部或外部驱动时做出的，内部可能来自于企业经营问题或者对卓越的追求，外部则可能是挑战者的压力或者环境（比如技术发展）的变化，而这时企业通常都需要改变既有的组织结构，因为既有的组织结构是匹配既有战略的。战略调整越大，通常也意味着组织结构调整越大。

组织结构是企业架构的一部分，体现的是业务端的结构和关系，是系统实现的输入和上限。组织结构直接影响业务流程，也影响业务分析的结果，而这一分析结果则会影响企业能力的载体——业务组件的设计。组件的设计尽管可以对业务流程起到一定的优化作用，但毕竟是在业务约束下实现的，其优化是有限的，尤其是在业务与技术融合程度不够的情况下，甚至会退化到仅仅是实现的程度。

战略影响组织结构，进而影响业务流程和组件设计，这一逻辑既是企业架构设计的基本逻辑，也是企业架构的核心价值，即实现企业战略，实现企业价值。上述关系如图 5-2 所示。

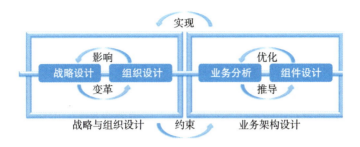

图 5-2　战略与企业架构的关系

企业战略与企业中的每个人都息息相关，技术人员也应当重视对企业战略的理解，战略距离开发并不遥远。如果一个企业的战略会让员工觉得跟自己无关，那只能说明这个战略本身以及对战略宣导的失败。数字化转型往往需要长期持续的投入，对很多企业而言，这都是一笔不小的开支，如果在这样巨大的投入之下，系统设计人员连企业战略都不知道，那系统实现的结果真能支持企业战略的实现吗？

5.2.2　银行数字化战略

前面介绍了部分国内外大中型银行的数字化战略，战略中可以见到银行对提升技术能力的重视，但是多数银行目前进行的还是信息化，这是由当前的技术总体发展程度决定的，同时，也是由现有银行的组织构成、人员构成决定的。那么，面向数字化转型的银行战略到底应当如何设计呢？笔者在此做个尝试，以求抛砖引玉。

战略设计通常可以包含总体设计及其中若干重要部分的子战略设计。

1. 总体战略

金融行业在技术发展的推动下，正在迎来可能发生的真正的模式变革。从经营模式上彻底改变金融业态，这是目前国内外金融行业乃至国家政策、国际监管协调方面都非常关注的问题，尤其是在数字货币可能带来各种不确定影响的背景下。因此，面向本书提出的数字化转型，银行的总体战略应当是长期性的前瞻战略。

人类社会发展的总体趋势一直是不断为个人赋能，不断给予个人更大的自主能力，数字化也是这一趋势的产物。金融行业是服务行业，是为客户服务的，所以，数字化转型策略的立足点就是研究如何持续为个人赋能并持续为能力获得增强的个人服务。这里所说的个人，既包括客户也包括员工。

赋能客户是数字化银行设计其产品和服务的重点。数字化社会是信息高速、高质量流动的社会，客户的选择效率和选择权是其选择银行产品的出发点。这种趋势在目前已经出现，比如，互联网行业中常见的客户热点的快速切换。如果银行不能给客户提供有用的信息、恰当的决策辅助能力，客户将不会关注其产品，因为客户的时间和精力是有限的。围绕给客户提供选择的权利、支持其行使选择的权利去设计产品，顺应"自+"经济模式的发展，才是真正在实现"以客户为中心"。

银行的员工是其他企业的客户，是在整个社会赋能个人的趋势下获得增强的个人。彼得·德鲁克在《21世纪的管理挑战》中曾说道，如何管理知识工作者的生产率将是21世纪最大的管理挑战，它需要公司态度的转变，要视知识工作者为"资产"而不是"成本"。

银行的数字化转型战略如何考虑其员工对银行战略的成败将具有极大影响，因为员工如果在这一过程只有"参与感"而没有"获得感"，银行的转型策略将难以贯彻到底。数字化转型并不是通过技术的大规模应用将银行改造成一台彻头彻尾的"数字化设备"，银行依然需要员工发挥极大的作用来让整个银行平稳运行，持续改良银行的服务以及提出新的金融创意，银行的变革最终是靠其员工完成的。

以赋能客户、赋能员工为基础，银行可以实现笔者在 4.2.2 节中提到的业务模式转型，从而具备真正改变银行业态的可能。

综上，银行数字化总体战略可以设计为：**通过数字化技术，赋能客户、赋能员工，持续追求极致客户体验、员工体验，通过分散、控制风险，努力获取服务性收益，以使金融充分服务实体经济**。这一战略如图 5-3 所示。

战略中的"数字化技术"指的是通过各种方式，将人类行为最大限度向虚拟空间转移的技术，这些技术能够深刻改变人类的行为方式。通过这些技术，银行可以充分赋能其员工，使员工拥有更自由、更便利、更高效的工作形式；而数字化技术也能够充分赋能客户，为客户提供最佳体验，使金融服务真正达到无处不在、无时不在，让客户具备自我管理金融的能力，尽管这种"自我"很可能是由人工智能等技术组合提供绝大部分决策支持的"自我"。

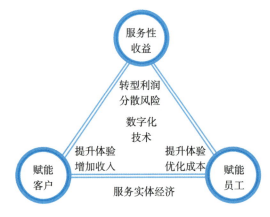

图 5-3　银行数字化总体战略示意图

实现这种"自我",银行就是在给客户赋能,而赋能的结果是整体金融风险的分散。当然,这也意味着需要巨大的算力支持。金融风险能够分散到什么程度,取决于算力及其成本的高低。而算力成本随着技术的发展一直呈现下降趋势,所以我们有理由相信分散的"自金融"并不会导致金融服务效率的下降,反而会将决策权交还给金融资源真正的供给者和消费者,实现更加市场化的定价,而价格的自由正是市场条件下资源配置效率的决定性因素。

金融市场资源配置效率的上升终将提高金融服务对实体经济发展的促进作用,而金融也将回归到其本质,提供资源配置服务,获取配置服务的收益,而非代为承担风险的收益。

这一过程可能需要较长的时间,也许要 20～30 年,但应当是银行数字化战略的总体目标,而且是长期目标,是最终改变银行业务模式的目标。其实现路径上应当以持续推动当前银行的信息化为阶段性目标，并根据数字化技术的成熟程度和社会环境的变化，将合适的数字化技术不断引入银行，朝最终目标持续迭代式前进。

目前很多国内外银行都存在企业战略不连续的问题，"志当存高远"，长期目标有利于充分凝聚企业的力量，尤其是在数字化这一马拉松式的转型之路上，更需要长期战略的指引。

2. 客户子战略

（1）一户一策

银行对客户分类一直很重视，而互联网企业在客户细分方面走得更远，因为这些企业有更为丰富的客户行为数据。客户行为数据对客户细分而言更为重要。

客户细分是了解客户的关键步骤，客户细分技术的发展会逐渐将细分导到具体的个人，这就是所谓的"一户一策"。因为只有到这个粒度，客户才能真正认为银行是在真心为他服务。

但是银行目前还不具备"一户一策"的服务能力，信息、技术和成本上都做不到。除了大型重点企业客户外，即便是中等规模的 B 端客户都未必能普遍做到如此精细化，更遑论"人山人海"的 C 端客户。

银行以前的客户分群相对简单，客户域较大。随着大数据分析能力逐渐增强，银行也开始通过标签方式增加客户分析维度，提升客户画像水平。随着客户细分水平的不断提升，不同业务部门的客户之间的交叉也增多，但是总体倾向依然是通过客户域区分部门边界，不同部门之间的横向联动不够顺畅。这是需要通过转型改革之处。

数字化总体战略中笔者提到的是对客户的赋能，这就意味着数字化银行客户子战略的终极目标就是"一户一策"的贴身服务，无论是对 B 端、C 端还是其他类型的客户。

随着客户细分程度趋向极致，客户域会越来越小，并且客户域之间允许高度重叠，边界是开放的（见图 5-4）。因为客户域反映的是客户不同视角的利益诉求，是组织产品设计的指导而非低弹性的部门边界，所以客户域的完整合集就是客户全部的价值主张。客户子战略也即满足银行所能识别到的客户全部合法价值主张，此时，称客户域为"客户价值域"更准确。这样的客户子战略也同时要求了产品设计和组织结构的灵活性。

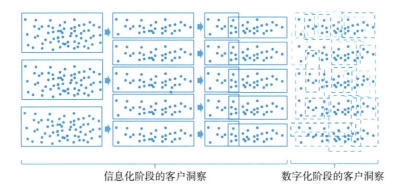

图 5-4 不同阶段客户洞察的差异

（2）体验整合

由于客户价值主张的多样性，跨产品的客户体验整合就是客户子战略中最重要的能力，这点无论在信息化还是在数字化条件下都是一样的。这也带来了服务驾驭难度的增大，即便对于选择只做少数专业服务领域的专业型银行而言，在细分的服务领域中追求极致客户体验并与其他企业共建数字化生态也殊非易事。未来，所有银行都将思考所谓"全能银行"的含义和成本。

客户体验整合在数字化的背景下，还意味着银行架构设计能力的开放性，这一点在当前信息化阶段的开放银行实践中已经有所体现。但是随着技术的发展，其要求的将不仅是银行自身的能力，而是开放式架构的设计能力，是一个在更为宏大的开放环境下，以客户价值主张为核心的跨行业整合架构设计的能力。现有的银行在企业级业务架构设计能力以及跨行业业务架构设计能力方面，需要更大的提升，才能配合数字化银行的客户子战略实现。

综上，只有将"一户一策"和整合性客户体验作为银行数字化战略的客户子战略，银行才算是最终兑现了"以客户为中心"的诺言。

3. 产品子战略

产品是银行为客户提供服务的载体，所以并不是强调"以客户为中心"就要降低对产品的重视程度，相反，只有产品做好了，服务客户的能力才会上升。所以，银行的数字化战略中，产品子战略不可忽视。

目前国内银行业务的离柜率高达 88.68%，金融业务的完全线上化并非遥不可及，尤其是当我们以数字化为目标进行讨论时，毕竟，法定数字货币实现的可能性已经很大了。基于法定数字货币，金融业务的完全线上化是可以期待的。

所以，数字化战略下银行的产品子战略就不应再是只考虑线上化问题了，还要考虑对客户子战略的支持。

现有金融产品被认为是高度复杂且流程冗长的，这种复杂性很多情况下是为了增加信息确定性、减少信息不对称以降低金融风险而产生的，这正是金融产品需要改进之处。

这种复杂性与银行目前集中了金融风险的业务模式有深刻联系，如果金融的决策权回归到资源拥有者手中，那么，银行的业务流程就将转变为支持客户做出决策的过程。随着信息化、数字化的发展，随着金融决策信息数量和可信度上升，银行的产品应该呈现简化趋势，产品的种类是围绕对客户价值主张而非银行价值主张的识别，其设计应逐渐趋向服务化、顾问化、智能化。

回顾金融史，客户对金融服务的核心需求其实一直都很简单，就是解决资金和支付问题。金融产品现有的复杂性跟客户对金融核心需求的简单性是不匹配的。在金融的发展过程中，这种复杂性既包括特定历史条件下金融需求实现的复杂性，也包含层层包装的投机逐利行为和各种金融实验行为导致的复杂结构。进入数字化社会，也许就到了该逐渐简化，回归金融初心的时候了。

金融业务中始终不变的是金融风险的防范问题，只不过在数字化背景下，风险防范的重心可能会转向帮助客户防范风险。

"大道至简"，随着社会信息化、数字化程度的上升，信用环境的不断改善，数字化银行的产品子战略应当是基于技术手段、以可信信息为基础实现金融产品的简化，以提高金融服务的便利性，并从风险的源头，即客户端做起风险防控。简化也意味着更好的嵌入能力，使金融产品与数字化场景更容易结合。

4. 组织子战略

在组织子战略方面，有两点因素将使银行组织结构逐渐以产品和客户为中心进行团队化，从而实现灵活化。

（1）网点变化的因素

无人银行、智慧银行的技术方案使人们看到了网点将逐渐被替代的端倪，但是信息化技术不足以将网点完全取代，尽管法定数字货币的推行可能在很大程度上降低人们对网点存取现金的依赖。但是，信息化发展目前还很不均衡，依然需要较长时间去拉平地区差距，而且信息化技术还不足以使人们体会到与网点相近的服务感受，因为缺少"交流"和"接触"，但是信息化技术可以使人们对网点的需求下降。

数字化技术则能够提供与网点相近甚至更好的服务体验，具备从功能上彻底取代网点的能力。此外，随着出生于信息化、数字化时代的人口越来越多，他们更习惯于通过电子设备完成各类行为，对物理网点的"留恋"也将逐渐消失。

除了服务外，网点以前也兼具信息收集功能，但是目前这一功能的作用已经减弱，而今后，信息的收集会越来越依赖技术手段，包括不断延伸到客户生活中的物联网设备，以及更为开放的跨行业数据共享。

所以，从信息化到数字化，从金融功能角度看，人们对网点的需求将下降到非常低的水平。

（2）对规模追求的变化

根据上述对客户子战略、产品子战略的分析可知，随着银行和社会数字化程度的上升，金融业务模式可能发生较大改变，而这种改变的结果是人们对银行的评价更多的是基于其金融配置效率和质量，是金融服务能力，而规模对银行的意义将逐渐降低，尤其是传统的存贷款规模，因为存贷款规模并不能完全左右数字化背景下的金融资源配置效率。数字化背景下，匹配的不仅是资金，更是风险偏好，是基于风险偏好去配置金融资源。

当前国内银行追求规模经营的战略已经有所调整，监管机构也明确提出不应将时点性存款规模作为银行的考核管理指标。但是在实际业务中，由于规模是影响银行的主要利润的因素，因此现在银行对规模的重视依然是非常深入的。对规模如此重视，而当前银行的客户维护能力又受到地区性因素的制约，所以银行内部的经营资源也是地区性统筹安排的，这也就决定了其组织结构在地区间的高度冗余。

这种现状随着技术的发展会逐渐被打破，这就如同银行内部已经通过云计算等技术逐渐产生跨地区协同工作方式，其对外服务能力因信息化、数字化程度的提高，将不断脱离地区的限制。信息的开放和可信会使业务的复杂性降低，使跨地区服务更容易实现，而面向客户的价值主张来构建能力更聚焦的产品团队将比基于规模的考量来设置地区性团队更为有益。

综上，对网点需求的降低会改变根据地理区域设置组织结构的习惯，对规模追求的降低会进一步改变对资源的地区化统筹方式。上述两点变化对银行而言，足以推动其建立面向细分客户、细分产品的灵活可快速调整的组织结构。所以，数字化银行的组织子战略应当是建立面向客户和产品而非地区的灵活组织体系。

5. 人力资源子战略

银行的转型是靠其员工完成的，因此，人力资源子战略在人力资源结构、人员能力要求方面要与数字化转型战略的方向匹配。

（1）核心技术人员

在总体战略中，数字化技术是银行数字化转型的核心动力源，是银行数字化的"核聚变反应堆"，而这种关键性能力并不适合"假手于人"，银行需要对关键技术具有掌控力。同时，转型也需要业务与技术进行深度融合，而融合的关键，尤其是在转型过程当中，其实就在人力资源的结构上。

在通向信息化高级阶段的过程中，银行首先应当逐步增加技术人员占比，通过增加技术人员数量，提高业务和技术融合的频度，使业务人员与技术人员之间互相影响，互相改变。

由于技术细分领域较多，银行应当通过客户子战略、产品子战略逐步明晰其核心业务方向，根据核心业务方向选择需要补充的技术人员，进而培育自身对核心技术的掌控能力。

（2）人机协同

随着信息化程度的提高，银行需要逐步改变现有人员的能力结构。除金融业务能力培养外，由于 RPA、人工智能技术不断扩展应用范围，在银行员工基本业务素养中，人机协同能力变得日益重要。

（3）弹性工作

到了数字化阶段，人的基本教育程度与当前会有很大不同，因此，员工的数字化技能并不仅是由企业培养的，还会有社会培养的，尤其是知识封装带来的赋能，使个人能力获得极大增强。能力的增强会带来对工作方式变革的要求。

在数字化阶段，银行的人力资源战略除了尽可能吸引优秀员工外，最重要的是提供足够弹性的工作机制，方便人员离职和入职，提升人力资源的动态组合能力。

在数字化背景下，人力资源是更容易流动、更容易远程和跨文化合作的。人员与企业的绑定关系，如同土地与人曾经的绑定关系一样，也会逐渐"松绑"，与这种趋势相匹配的则是更加开放的企业文化和对人员价值更为准确的计量。

综上，在银行的数字化转型战略中，人力资源子战略的进化路径可以是：先根据银行业务特点增加匹配业务发展需要的技术人员数量，提升业务与技术的融合能力；再逐步提升全体员工的人机协同能力；最终与灵活易重构的组织子战略配套形成数字化银行的高弹性动态管理人力资源体制。

6. 技术子战略

技术将成为银行的核心竞争力，无论是在信息化阶段还是在数字化阶段。因为技术将决定银行的客户分析能力、产品实现能力、服务送达能力，银行在信息化高级阶段和数字化阶段都必须努力掌握与其核心业务匹配的核心技术，尽管这听起来似乎不符合对社会分工与协作关系的一般认知。

目前，大型银行内部或者银行集团内部的开发力量已经逐渐可以比肩一般科技公司，而与领先科技公司的差距也可以通过科技战略的强化执行逐步缩小。在信息化高级阶段，任何一家银行都必须有底气称自己是家科技公司，否则，一旦监管方向由对主体的关注逐步转向对行为的关注时，核心技术能力较差的银行很快将失去市场机会。

到了数字化阶段，由于数字化能力的普及，不能灵活运用数字化能力的银行将可能没有机会参与服务过程。正如有人所说：

"十年后将没有人再谈论数字化,因为不进行数字化的企业都已经消失了。"尽管这一说法很夸张,但是其道理就如同在工业社会讨论建一个工厂是如此的普通,而放到农业社会去谈就如同讨论魔法一样。

所以,银行数字化战略中的技术子战略可以是根据客户子战略、产品子战略选择必须掌控的核心技术,并使其达到并保持领先水平。但是在落实上,其关键是要求银行首先提升技术管理能力。国内外大部分银行与互联网科技公司相比,都是在技术管理能力和由此导致的技术突破能力上存在较大差距,银行大多"滞留"在其甲方地位上,偏重应用思维,这也是其"先行"而"后觉"的主要原因。

除了核心技术,比较重要的还有对连接技术的管理,即让银行业务能够嵌入生态的技术能力,因为金融需求的次生性是不会改变的。这也决定了银行如果想获得对场景的驾驭能力,就必须提升其技术管理能力,尤其是基于企业架构、开放架构的技术管理能力。

综上,本节笔者介绍了战略对企业架构设计的影响,希望有志于数字化转型的银行自上而下都能够充分认知战略的重要性。笔者从总体战略及客户、产品、组织、人力资源、技术五个子战略领域设想了从当前到信息化高级阶段再到数字化阶段的战略转型路径和重点。从战略分析中,读者已经可以看见一个业务本质未变但是业务形态却可能与今天极不相同的银行,其差异也许要胜过从古代的钱庄到今天的银行。

5.3 架构转型

企业架构设计是对战略落地方式的规划，承接上节对银行数字化战略的描述，本节继续进行架构转型分析。由于个人知识和经验所限，本节对架构转型的分析略显粗犷，主要是希望能够激发各位读者的思考。

5.3.1 数字化银行的关键能力和价值链结构

按照企业架构的分析方式，做过战略解析之后，就需要做企业架构设计，而企业架构设计应从企业价值链的规划做起。价值链是对企业整体结构与内部联动的高阶抽象，通过价值链可以分析企业最重要的活动或组成部分之间的关系。同时，价值链也提供了对企业不同产品之间进行企业级整合的分析维度，对于业务能力的组件化设计、高可复用设计可以起到关键的支持作用。

1. 识别战略能力需求

从银行数字化转型战略的各项子战略中，可以梳理出如下关键性战略能力需求：

1）**客户子战略中最为关键的是客户洞察能力和体验整合能力**。客户洞察能力除了客户细分技术外，对环境变化的研究也非常重要，只有综合了解社会的变化，才能更好地体会细分人群的变化和价值观。

2）**产品子战略中最为关键的是产品设计能力和风险防范能力**。产品的简化离不开对产品的深入分析，这种深入分析一方面可以更好地抽象产品设计中的公共部分，另一方面可以走到金融业务的深处去理解产品为什么会设计成当前的形态，以及未来该如何设计。对产品的深入理解也有助于提升风险防范能力，而风险防范是金融行业对全社会的义务，必须落实到每一个金融产品中。

3）**组织子战略中最为关键的是灵活组织管理能力**。灵活组织管理能力本质上基于对员工能力的精确刻画和对客户价值观的准确识别。组织是为客户实现价值主张而搭建的，灵活的组织管理能力意味着对表象"混乱"的高度宽容，但"混乱"的表象背后是清晰的整体架构设计，这就决定了灵活的组织结构管理能力实质上是由客户洞察能力、人力资源管理能力和企业架构管理能力共同支持的快速调整能力。

4）**人力资源子战略中最为关键的是协同工作形式设计能力和人员价值精确计量能力**。人机协同、远程协同、跨企业协同，这三种协同能力将最大限度发挥人力资源的价值，而对人员价值的精确计量，既会让员工清楚地知道自己的工作成果，也会让企业更有效率地优化成本和更合理地确定产品价格。

5）**技术子战略中最为关键的是技术管理能力，尤其是开放式企业架构设计能力、核心技术掌控能力**。开放式企业架构设计能力也包括客户子战略中的体验整合能力，以及为融入生态而必须具备的生态管理能力。核心技术掌控能力来源于基础研究能力。

6）**从总体战略中可以看出，数字化银行是更加偏向于科技型企业的银行**。这是数字化大趋势决定的，不仅仅银行如此，所以，面向未来的转型，可以从科技企业视角看待银行的生产组织过程。

这些能力需要落实到企业架构的各个部分中，以完成企业架构对企业战略的分解和承载。下面将应用价值链模型进行顶层的企业架构设计。

2. 构建数字化银行价值链

按照价值链理论，价值链通常可以设计为基本活动和支持活动两部分，前者为企业主要生产过程，后者为给生产过程提供支持的其他活动。

根据前面第 6 点对总体战略的分析，数字化银行可以采用软件类产品的基本生产逻辑，从技术创造视角看待其生产过程，将第 2 点分析的内容包含到生产过程中。而生产过程是为服务客户的，因此，生产过程的真正起点应当是第 1 点分析的客户洞察能力。第 3～5 点分析的内容则属于支持活动。第 2 点分析的风险防范能力具有一定的企业内外部公用性，也可以列入支持活动中。

综上，笔者设计了数字化银行的价值链，如图 5-5 所示，并将在下一节对价值链各部分展开详细介绍。

图 5-5 数字化银行的价值链

5.3.2 数字化银行的基本活动

价值链中的基本活动是企业核心价值的创造过程。为实现数字化银行"赋能客户、赋能员工"的核心战略，需要在价值链的基本活动中做出与目前银行不同、匹配数字化方向的调整，将转型必须具备的战略能力在基本活动中落地。

1. 客户洞察

客户洞察是银行开发产品的基础，其重要性无须多言，无论是在信息化还是在数字化阶段，不了解客户就无法做出好产品，最多只能做出客户不得不用的产品。这不能称为给客户赋能，更不能称为"以客户为中心"。

在走向数字化阶段的过程中，由于技术支持能力的不断升级，银行对客户的洞察不应再满足于数据量的积累。只是获得客户的行为数据，不断增加标签数量并不足以深刻洞察客户，而应当注意通过交流来更深入地洞察客户。

在当前阶段，银行由于技术和资源的限制，是无法与每一位客户交流的，尤其是面对海量的 C 端客户，只能通过拼凑客户信息去分析客户，进行轮廓级的画像。随着信息化程度的加深和智能化水平的提升，算力可以辅助银行进行面向更细客户群体粒度的画像分析，智能客服也可以与客户进行深度有限的交流，尽管未必能达到精准的"一户一策"，但是可以对客户理解更深。

到数字化阶段，银行要具备与客户交流的能力，通过交流才能真正理解客户，这与一个人要真正理解另一个人是同样的道理。现有的数据分析也许能帮助银行发现一些客户被忽略的细节，但是真正做到理解客户还是需要将数据分析与交流结合起来。所谓洞察，还是要努力接近人性层面，而非仅停留在行为层面。交流也可以提升产品交付的质量，说到底，通过技术开发交付产品依据的其实应当是客户的需求，而非业务人员的需求。

在目前的场景竞争中，人们常说谁距离最终客户近，谁就掌握主动权，很多竞争是围绕流量入口、场景入口进行的。到了数字化阶段，数据可能会多到让人烦躁，竞争围绕的也许就不是流量、场景的入口了，而是交流的入口，即谁更像是客户的朋友。通过交流才能真正洞察和影响客户，作为朋友才能更好地赋能客户。交流实际上就是目前银行定义和理解的销售过程的进化。

客户由于具备比信息化阶段更多的选择权和用于进行决策的信息，所以客户也会更需要、更信赖能够客观而不掺杂多余情感的决策建议。当前能够为大多数客户提供的金融服务形式都是过于基本的服务形式，这样的金融服务已经无法再吸引客户，就如同今天银行在场景之争中的情况一样，帮助客户做出更明智的选择才是更贴近客户内心的服务能力。这种竞争可能会更加残酷，因为人的社交精力是有限的，想通过交流上的竞争成为客户必不可少的朋友是很有挑战性的。

2. 产品管理

（1）主要环节

产品的设计是要针对或者诱发客户需求的。这条原理亘古不变。洞察客户的目的正是为了提供服务,因此,价值链的基本活动中必然要包含对产品的闭环管理。

基于这一假定,产品管理的完整过程可以细分为设计、实施、改进 3 个主要环节。其中设计和实施环节偏重对产品的技术实现;改进的原动力则来自洞察环节的交流,交流自然会触发对产品的改进,这会回到设计和实施环节,形成产品管理的闭环。

鉴于技术对于金融服务提供过程的影响越来越大,而金融服务的科技产品化趋势不断增强,金融服务的提供过程将会越来越接近软件服务的提供过程,其管理链条也是如此。价值链基本活动各环节的关系如图 5-6 所示。

图 5-6 价值链基本活动中各环节的关系

目前国内外银行在金融科技上的投入越来越大,直言自己是科技公司的也有很多。银行也在努力增强自主研发能力,当达到信息化应用的高级阶段时,银行足以称自己为科技公司,那么,银行的产品管理逻辑也自然要加入科技产品的管理逻辑,这样的银行才能称为金融科技的驾驭者。当社会进入数字化阶段时,再努力区分一家企业是不是科技企业可能没有太大现实意义，银行应当提早做好准备。

三个环节中，设计环节是非常具有挑战性的，它要基于内部企业架构进行客户体验整合，也需要在企业架构基础上进一步衍生出面向开放式架构进行跨行业整合设计的能力。在信息化阶段，银行就应当持续增强其企业级架构设计能力，这不仅代表了企业内部的整体联动能力，实际上也反映了银行对金融业务的理解。而随着数字化程度的提升，社会基础设施的进步，在数字化阶段，银行与其他企业的生态合作能力将成为基本能力，设计环节反映的将是银行对社会的理解。

实施环节反映了银行对核心技术和连接技术的驾驭能力，应当说设计环节和实施环节集中体现了银行基于企业架构的技术管理能力。实施的结果就是对客户需求的交付。

（2）信息化与数字化阶段的差别

由洞察、设计、实施、改进这四个环节组合而成的银行基本活动虽然看上去接近当前软件产品生产过程，但实际上也有差别。通常，现有的商业模式分析会将科技产品的生产过程定义为市场调研、产品设计、产品实施、产品销售、产品运营、产品改进这样的闭环过程。在信息化阶段，这样的过程还会持续和精益，但是在数字化阶段，由于洞察环节中交流的强大作用，市场调研、产品销售、产品运营环节完全可以被吸收到交流中，而产生如图5-7所示的从信息化阶段到数字化阶段的价值链基本活动的演进。

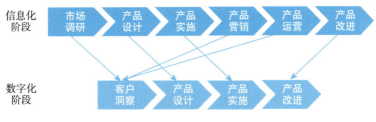

图 5-7　价值链基本活动的演进

（3）产品级风险依然要关注

作为行业特点，每一类金融产品需要的产品级风控必须贯彻到价值链的基本活动中，每一个价值链环节的风控都必须认真做好。风控管理范围也包括产品的合规与安全问题。

5.3.3　数字化银行的支持活动

1. 基础研究

基础研究是当前银行的弱项，尽管国内外大银行在科技方面专利都不少，但是对核心技术的掌控力，对关键技术的突破能力都非常有限，这方面几乎被各种类型的科技公司垄断了。在现有环境下，这是正常且无可苛责的。

但是在数字化阶段，通过本书之前的阐述，读者可以理解，不具备一定技术实力的银行，很可能连服务送达的机会都没有，更不用说提供差异化服务了。想提供差异化服务，前提就是具备差异化服务能力，而这一能力离不开对技术的独特驾驭能力，也就是要通过基础研究逐渐形成与企业战略配套的"独门秘技"。

所以，在真正进入数字化阶段之前，银行应该努力利用提升当前信息化应用水平，达到信息化高级阶段，并增加对基础研究的投入，以充分提高基础研究能力。基础研究难度很高，银行从事基础研究当然也离不开与外部机构的合作，但是这种合作要求银行必须深度参与，而非采用类似"委托"的浅层参与模式。

科技领域细分程度很高，无论是在信息化还是在数字化阶段，即便是大型银行也很难覆盖所有细分领域，因此，必须根据业务重心选择关键基础研究领域。这一点不仅大银行要考虑，中小银行更是要慎重。

2. 环境研究

数字化社会对人们的生产、生活将会造成极大改变，对个人的充分赋能会让整个社会为之一变，而这种改变很可能会是渐进式的，当然，技术发展的加速也会带动转变的加速。

银行对自己的客户，尤其是对未来的新生代客户缺乏研究，对数字化社会建设进程中已经或将要发生的改变也缺乏深度的认知，开展专业而持续的环境研究是非常必要的。

环境研究总体可以分为两个层面：一是对亚群体的研究，即专注于细分群体的局部研究；二是在细分群体基础上的整体研究。其实这与架构研究的思路是一致的，社会由各类亚群体构成，每类亚群体有自己的价值主张和利益焦点，而在社会层面，这些亚群体如同社会的构件一般，或松或紧地连接在一起，彼此产生程度不同的相互影响。

对于大型银行而言，因其客户覆盖度的规模较大，故应当同时关注这两个层面的环境研究；对于中小银行而言，则应当多关注局部研究，整体研究方面则应多借助外部力量完成，并根据获得的信息检验来修正局部研究结果。

环境研究的结果应当及时发布给银行中的各个团队，尤其是做价值链基本活动的团队。对未来进行预判不仅是领导者的职责，也是每一个服务客户、设计产品人员的职责。

只有融入环境研究，银行才能更深刻地洞察客户，而这些研究也能为银行找到更好的引导客户的方法。

3. 生态管理

生态管理如今已经成为银行管理中的热门话题，平台化、开放生态、互利共赢等理念已经成为银行发展战略中的关键词。银行并不具备单独打造完整生态链的能力，所以如何与客户完整生态中的各个部分处理好协同关系，如何在具备核心能力的基础上连接必要的外部资源以组合成更大范围的服务能力，是各类银行都需要关注的。

生态管理中最主要的三个部分应当是投资（含并购）、合作和外包。投资是以获得掌控核心能力必需的技术、获得细分客户群体等为目标；合作则是以双方共同发挥核心能力，共享收益为前提；外包则是以获得非核心能力为主，主要是为了加强对核心能力的支持和扩展。

生态管理是落实开放式架构管理能力的重要环节，开放式架构设计要求更好地连接所有参与方，而这种连接并不是单纯的技术连接，还包括更为重要的商业连接。参与方彼此之间通过上述生态合作形式建立合适的商业模式，才能更加稳定地为客户提供长期服务，毕竟除了核心技术外，这些有益的外部合作对客户体验还是具有非常积极的影响的。

随着架构开放性的提升，合作方之间的关系对银行业务连续性的影响越来越大，这已经超出传统 IT 服务提供商对银行业务连续性的影响，因为银行无法通过内部提升来降低这些影响。

从信息化到数字化，银行架构的开放程度将持续提升，与之相对应的是，生态管理能力也需要日益增强。在数字化环境下，数据会更加开放，客户将具有更大的选择权和自主权，客户更换金融服务机构的成本将越来越低，能否维持好自身的生态也许会成为银行获客、活客、留客的前提条件，竞合比竞争更重要。

4. 企业级风控

风控是金融行业的重要工作内容，无论信息化还是数字化阶段，风控都很重要，只是不同阶段银行的业务模式可能不同，风控的内容和方式也会随之有所差别。

现有银行的业务模式如果继续保持 4.2.2 节中分析的当前业务模式，那么即便发展到信息化高级阶段，业务模式应当也较难发生根本性改变，以防范金融机构产生的系统性金融风险为主、关注核心资本抵御风险能力的风控模式也会一直延续下去。

到数字化阶段，银行的业务模式如果真的按照笔者的分析，从"揽储、放贷、收息"造就的集中风险承担模式，变成赋能客户、辅助金融决策的资源配置服务模式，风险承担会逐渐由集中承担模式转向持续分散模式，那么，以资本充足率为基础性手段的风控模式也会逐渐改变，因为风险承担的主体改变了。

在业务模式改变的过程中，企业级风控除仍将保留银行内部视角，关注业务连续性，以及操作风险、声誉风险、财务风险等传统风控内容外，也将把风险管理知识、方法通过与客户的交流逐渐传导给客户，帮助客户管理风险。风险管理将成为一种服务，从而真正实现在源头上控制风险，毕竟扣除不合理经营的因素，银行风险的源头其实是客户，客户的风险降低了，银行的风险自然也会降低。

当金融风险分散到一定程度的时候，银行自身要关注的金融风险将越来越少，而帮助客户管理风险将成为提供金融服务时必须提供的辅助产品，并且要具备跨产品、跨机构的综合风险分析与管理能力。这将是数字化银行在数字化社会背景下最为关键的风控能力。

5. 组织和人力

（1）产品管理的核心单位——产品域

按照组织子战略的分析，组织结构应当面向客户和产品，因此，应当首先界定产品管理的核心单位。按照客户子战略和产品子战略的分析思路，产品管理与客户管理在细分领域上最好是直接对应的，可以将主要服务于某一客户价值域的产品合称为一个产品域。对于继续经营多个产品域的银行而言，在产品管理中必须努力做好多个产品域的客户体验整合，必须有机构对体验整合进行管理和协调，其管理思路如图 5-8 所示。

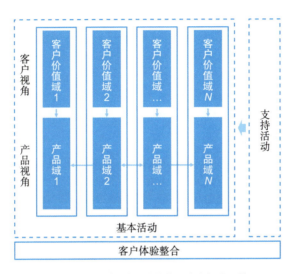

图 5-8　由客户体验整合统筹的客户与产品管理

（2）面向客户价值域和产品域的组织结构

通过对战略和价值链基本活动的分析，在走向数字化的过程中，银行可能会逐渐从现有总分行形态的部门化高度垂直管理体系演变成以客户和产品为中心的团队松散集合体系。

笔者将从事价值链基本活动的团队简称为"基本团队"，将从事支持性活动的团队简称为"支持团队"。基本团队以客户价值域为核心，将客户价值域和对应的产品域结合为一个团队，每个基本团队相当于一个专业领域的银行。客户体验整合的管理肩负着企业架构管理的责任,同时,它也承担着内部生态管理的职能,因为它具有完整的客户视角和对连接的设计能力。其结构形态如图 5-9 所示。

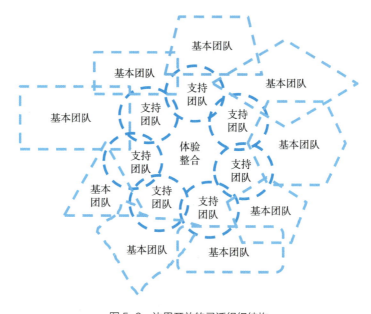

图 5-9　边界开放的灵活组织结构

团队之间不再像部门那样有清晰的边界,而是高度交叉,人员本身也可以从属于多个团队,这主要取决于对其专业能力的需求。客户的重叠自然就会打破团队之间的边界,但是重叠并不意味着必须整合团队,不同视角的客户价值主张应当由不同的团队分别实现,能力和人员则可以复用,最终根据体验整合并采用客户的"上帝视角"统一维护企业的整体架构。这也意味着,在组织结构上设计负责客户体验整合的机构时，必须充分考虑让其具备足够的架构管理能力，这样才能更好地将客户与产品、业务与技术结合起来。架构管理能力将成为组织管理能力中的重要元素，毕竟组织架构也是企业架构的一部分。

（3）科学的"混乱"

也许读者会质疑上文所述的"凌乱"组织是否过于复杂和低效了。其实不然，笔者认为，企业追求灵活的组织调整能力的结果很可能就是这样的。

BBC的记录片《宇宙的奇迹》中曾经用堆沙子来解释有关熵增的热力学第二定律。同样体积的沙子，一个做成普通的沙堆，一个做成沙堡，沙堆可以用无数种方式在形态不变的情况下被重构，沙堡就不行，因为前者更无序，更容易重构，而后者更有序，也就更难以重构。所以，如果想设计一个可以高度复用、随意重组的组织或者系统，那么这个组织或者系统一定会像沙堆一样看起来无序。通信机制很复杂，但这却是科学的；而非常有序的"沙堡"设计，重组却很麻烦，这同样也是科学的。

（4）人力资源的使用

1）**合理安排工作量**。由于组织的松散性，人员与组织的依赖关系也就降低了，这会导致对工作量的合理安排成为人力资源使用方面的关键点之一。由于数字化是对地理限制的打破，这代表地区间的收入差距可能会逐渐再平衡，因为人员不再需要物理区域的集中，而是大范围的虚拟空间协同，人可以更加自由地进行就业选择，甚至从事非全职工作。那么，工作的合理安排对员工满意度的影响就显得至关重要了。

2）**恰当的成就感**。从信息化到数字化的发展过程中，银行在人力资源管理方面会逐渐发现，当个人被充分赋能后，员工对自身成就感的关注。银行必须像对客户那样认真对待自己的员工，充分了解员工的能力，进行任务和员工的适配。如果员工无法获得合适的成就感，就不会有归属感，也不会在一个人员流动更便捷的市场上对企业保持足够的忠诚度，甚至连维持兴趣都谈不上。

对企业而言，必须认清楚的一点是，各类自动化技术尽管从短期看是一种人力替代技术，但从长期看则是解除人类大量重复性劳动的机会，是对人的解放。数字化技术的方向不会背离整个人类社会的演进方向，这个方向就是对个人的持续赋能，而赋能的最终结果是人会具有更大的选择余地，而非被机器"逼"到墙角。数字化技术也不会长期赋予企业更大的在"人"和"机器"之间的选择权，除非社会制度做出更合适的安排，因为员工在整个社会层面是企业的客户，把用户"逼"到墙角，企业也无法生存。

6. 价值核算

银行当前的价值核算能力还不够精细，更多是在企业层面核算其最终盈利，但是很难将成本准确分摊至产品和个人，这导致收入容易计算，价值贡献却难以发现。

如本节第 5 点对"组织和人力"环节的分析，在数字化时代，个人被充分赋能，会对工作的平衡、适当的成就感有更高的要求。在这方面的管理上，也必然要求企业能够更准确地衡量个人的价值，这将是价值核算的主要方向，也是给予个人正确报酬、鼓励个人多做贡献的基础。

组织的灵活多变也使企业成本核算、成本优化的难度增加，只有精确核算到个人，尤其是具体到时间段的精确核算，才能对组织、产品所产生的贡献实现更为准确的核算，以支持组织的动态调整能力。所有的组织调整都是有成本的，而现有的管理能力无法提供这些数据，这是信息化到数字化过程中，企业需要持续增强的能力。

个人将成为价值核算的基本单元，而且应当允许这种价值创造信息在人力市场上成为公开信息，这样才能支持人力资源市场的价格透明，使人力资源市场实现更高的流动性。

尽管目前很多管理实践都在鼓励通过企业文化和价值观建设来改进对员工的管理方式，但是，准确衡量个人价值才是更直接的引导个人成长的方式。

未来，一个无法准确衡量个人价值的企业，很可能将不会被个人选择。

综上，本节面向银行数字化战略重构了银行的价值链，然后采用价值链分析法将银行数字化战略分解到了银行的各项主要活动中，并尽可能阐述了这些活动从信息化过渡到数字化时需要具备的能力或要进行的转型，这些能力在价值链中的分布如图 5-10 所示。

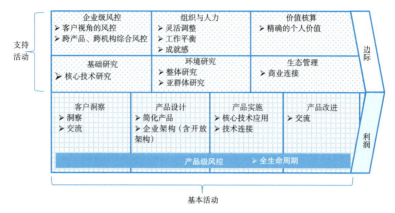

图 5-10　数字化银行核心能力的价值链分布图

5.4　技术转型

数字化并非一条单一的实现路径,而是广泛的技术组合,就算是在银行业内部,也可以有不同的选择。所以,以数字化为最终目标的技术转型对于银行而言,关键在于技术管理转型,在于将企业架构中的业务和技术两端一体联动的技术管理能力。此外,还有一项较为重要的数字化技术目前在银行领域中应用较少。

5.4.1　基于企业架构的技术管理

企业架构通常包括业务架构和 IT 架构两部分:业务架构完成对业务战略的分析和结构化设计,IT 架构则根据业务架构的规划形成具体实现方案和具备一定扩展性的 IT 建设规划。这是多数技术类读者都很清楚的理论知识,但是实践中,往往仅在领域级别能够出现局部性实现,真正企业级的实例很少。但是数字化转型不同以往，这是跨代际升级，如同从农业社会到工业社会，需要的是彻底的改变，无论过程上是渐进式还是激进式。

面向单一领域实现的竖井式开发已被诟病许久，目前比较成熟的组件化和平台化设计、比较热门的中台化设计追求的都是面向企业级的跨领域实现。本书在银行数字化战略中分析产品子战略时指出，金融产品的发展方向应当是逐渐简化，金融的目标是提供服务而不是变得复杂。实现金融产品简化需要有两个支撑：一是提升信息可信性的技术；二是进行标准化和跨领域整合的架构设计能力。后者就来自基于企业级业务架构的技术管理。

在 5.3 节介绍的设计的银行价值链中，基本活动中产品管理链条上有产品设计和产品实施两个环节，这两个环节对企业级业务架构和 IT 架构的衔接表现得最为明显，如图 5-11 所示。

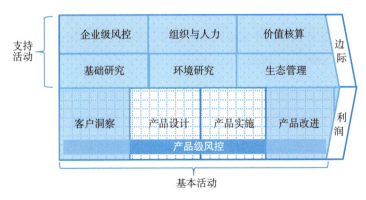

图 5-11 技术管理转型的聚焦点

在产品设计环节中，每个基本团队直接面向的都是领域级开发，而客户的需求是多样的，不同侧面的价值主张由不同的领域集中实现，跨领域的价值主张由客户体验整合统筹管理。这就是企业级和领域级之间典型的分工协作方式。

为了进行跨领域的统筹，在产品设计环节应使用企业价值链作为统一的维度进行分析，以实现标准化和整合。企业级业务架构设计的结果如图 5-12 所示。

在这一设计过程中，要认真思考 5.2.2 节中介绍的"产品子战略"的发展方向，持续对金融产品进行简化。这种产品简化既有业务架构设计方法自身蕴含的流程标准化、企业级业务整合，也包含不断向设计中引入提高信息可信性的技术，在根本上改变金融产品的形态，从而实现更彻底的产品简化。复杂的金融产品是很难抓住客户的心的，在客户眼里，那只是银行的自我保护。

企业级业务架构分析是为了更好地做到企业能力的统筹实现，技术端可以根据分析形成的业务组件划定技术组件的实现边界，将业务能力与技术实现对应起来，形成一张清晰的企业能力视图，如图 5-13 所示。

根据康威定律，组织的沟通方式会映射到系统的通信方式上。在 5.3.3 节对价值链支持活动中的"组织与人力"环节进行分析时，笔者借用了基于热力学第二定律的沙堆的例子来解释灵活易重构组织的特点，与该类型组织结构对应的企业级系统也应是灵活易重构的，这样的系统天生伴有通信机制的复杂性，容易产生功能设计上的纷乱。要想驾驭这种复杂体系，详细的"地图"必不可少。企业能力视图正是一张这样的"地图"，它能够帮助企业迅速定位到企业的某项能力。

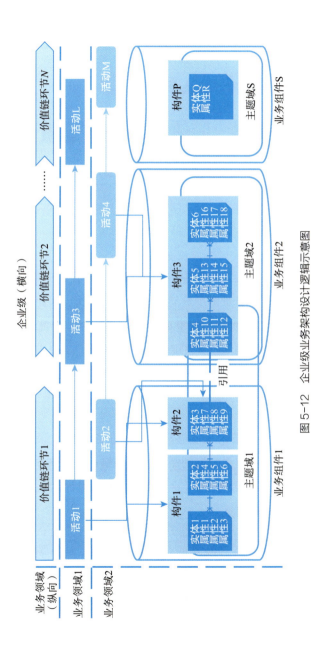

图 5-12 企业级业务架构设计逻辑示意图

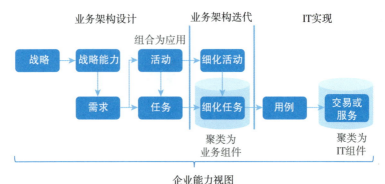

图 5-13　企业能力视图

目前的技术发展趋势中，AI 驱动的软件设计开始慢慢出现，此类软件设计中最难解决的问题也莫过于架构，因此，现有企业的架构设计成果就是其最重要的输入和原料。为此，一个可视化、可追溯的架构演进视图是必不可少的，它不仅满足当前实现 DevOps 智能化、高标准业务连续性管理等需要，更是面向未来软件设计的需要。

企业级业务架构也能够成为实现业务和技术深度融合的桥梁，可以为企业提供长期的需求管理机制。关于该方法论的详细介绍可以参见笔者所著的《企业级业务架构设计：方法论与实践》一书，这里不再赘述。

具备联通业务和技术的企业架构管理能力是驾驭技术的基础，面对数字化转型，企业应当尽快着手打造基于企业架构的技术管理能力，发挥企业级业务架构设计对企业能力长期演进的指导作用。这种指导作用有助于企业在实现数字化转型的过程中，避免对于技术过度的、片面的关注,时刻与企业的业务增长和价值实现紧密联系。

5.4.2 关注数字孪生

数字孪生(Digital Twin)是一种目前工业领域应用较多的技术,是支持工业 4.0 的重要技术之一。数字孪生是对现实世界的数字化,是指一种在信息化平台内建立实体系统的数字映射,模拟物理实体、流程或者系统的技术。该概念由美国密歇根大学教授迈克尔·格里弗斯于 2003 年正式提出。

2012 年,NASA 发布"建模、仿真、信息技术和处理"路线图,数字孪生开始引起广泛关注。2013 年,美国空军发布《全球地平线》科技规划文件,将数字线索和数字孪生并列视为"改变游戏规则"的颠覆性机遇,并组织洛克希德·马丁、波音、通用电气、普惠等公司开展了一系列应用研究项目。英国国家基础设施委员会于 2017 年 12 月发布《数据的公共利益报告》(Public Good Report),提出创建一个与国家基础设施相对应的数字孪生体,并于 2019 年 1 月启动相关计划。2017—2019 年,Gartner 连续三年将该技术列入十大战略客户发展趋势。

数字孪生技术可对物理实体进行分析和优化,并可通过传感器数据了解物理实体状态,对变化做出响应,帮助改进操作,因此对推动智能制造的发展具有重要意义。

除工业领域外,在实际应用中,数字孪生技术还可以提供沉浸式和差异化的购买体验，加强与客户的互动。营销内容将根据最新的工程数据自动生成，适用于多种媒介并根据客户选择的配置动态生成 VR/AR 体验。销售人员也可以实时查看产品，根据生产实况为客户配置最优订单。数字孪生还可以在售后市场帮助企业开展健康管理、远程诊断、智能维护等服务。

随着数字孪生与人工智能技术的持续结合，该技术的应用范围可以继续扩大，除了将物理实体与虚拟空间结合外，也将有助于推动虚拟空间的高度仿真化，这两项作用都与本书定义的数字化密切相关。

当前银行对数字孪生技术关注较少，该技术目前的适用范围也有一定限制，但是随着物联网、5G、边缘计算等技术的发展，数字孪生技术的适用范围将不断扩大，并将进一步增大虚拟空间的覆盖范围，与社会的数字孪生同步，一定可以在虚拟空间开一家"真实"的银行。

5.5　业务转型

以数字化战略为指导，在架构转型和技术转型的支持下，业务转型也会渐进地发生。至于业务转型的速度，也许无人能准确预料，它跟技术在若干关键领域的突破、基础科学理论的进步以及人们生活方式的变化等都密切相关，变量很多，很复杂。

本节继续沿着价值链分析路径，阐述在业务转型方面的一些看法以及对现有银行主要业务发展变化进行分析。

5.5.1 总体模式的变化

按照价值链分析框架,从客户视角看,银行价值链中较为直接地暴露给客户的部分,在信息化阶段是基本活动中的客户洞察环节,这部分与客户交互最多;在数字化阶段,以客户洞察为起点的整个基本活动链条都有可能直接向客户暴露,此外,还包括支持活动中的企业级风控。

1. 信息化高级阶段

在信息化高级阶段,如果剔除法定数字货币因素,则银行基本业务模式发生深刻变化的概率有限,信息化技术总体是在沿着提高业务效能而非改变业务内在逻辑的方向发展。

客户洞察环节对小规模客户群的认知会逐渐深入,但是无法完全达到个人级的深入了解,定制化依然只能达到批量定制化的程度,这是技术和成本共同限制的,但服务的实时化、智能化会有所增强。

在 5.3.2 节中对"产品管理"进行分析时指出,从信息化到数字化阶段,价值链基本活动的主要环节会呈现出一个向客户洞察环节集中而产品管理环节更为简化的趋势。但在这一过程实现之前,尤其是在当前的信息化水平下,产品营销和运营仍是与客户接触最密切的环节,即便是市场调研阶段,客户的参与程度也是非常有限的。目前很多数字化建议也是集中在营销阶段,运营阶段有人提倡适当引入互联网企业的一些活客措施和客户增长理论,但是由于基本业务模式未变,银行的改变也有限。客户对银行业务环节的参与如图 5-14 所示。

图 5-14　信息化阶段客户对银行业务活动的参与

总体而言，信息化高级阶段的银行业务模式与当前的业务模式依然会有较多相似之处。但是，如果考虑法定数字货币因素，则可能发生一定程度的改变。

关于数字货币的讨论前面已有很多，附录中也有论述，本处只提两点：一是货币形态的变化有可能改变银行"揽储、放贷、收息"的主要业务模式，这可能并不需要等到银行数字化战略完全实现；二是法定数字货币意味着新的竞争者能够摆脱账户这一基本工具的限制来设计新的服务方式，他们的业务系统也可以和现有银行基于账户的业务系统产生不小的差别，这种差别是否会形成竞争优势尚不得而知，但终归会是一个变数。

2. 数字化阶段

在数字化阶段，随着数字化战略的落地，"一户一策"的客户服务方式可以实现，银行业务将起始于与客户的交流，服务性质更加明显。如果抢不到交流入口，银行将成为一个被入口调用的服务提供者，但是这样提供的服务种类也是很有限的，因为金融产品的简化意味着服务种类的减少。

对于可以获得交流的银行，金融服务可以是完全定制化的，产品管理链条将完全由客户洞察环节驱动，而设计、实现、改进也都主要依靠由交流得来的信息驱动。如图 5-15 所示，金融产品的服务过程实际上都融合在交流过程中，业务与技术实现深度融合。

企业级风控将变成定制化风控管理模式，综合帮助所有客户进行风控管理获得的经验和知识，为客户提供不断改进的风控服务。银行自身的风控主要是安全和业务连续性管理，集中到银行的金融风险将会越来越少，银行业成为彻头彻尾的以客户为中心的服务业，是朋友式的金融管家。

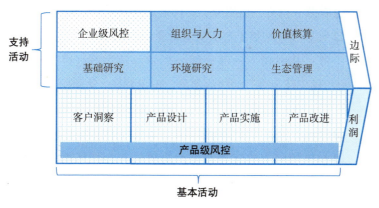

图 5-15　数字化阶段开放的定制化业务模式

数字化环境下对银行的要求是服务的及时性、贴心性，而不是金融业务的"花样"。

由于专业的细分、自金融的发展，部分金融业务可能不再需要银行提供，监管也可能将逐渐发展为通过科技手段对行为的监管。

5.5.2 业务大类的变化

1. 现有银行业务的梳理

如今，国内大型银行的在售产品已经达到上万种，但是从产品大类上划分，大致可以分为存款、信贷、信用卡、贸易融资、支付结算、代理、资金监管、托管、投资理财、客户资产管理、投资银行、金融市场等十余个大类。下面分别简单介绍：

- 存款、信贷、信用卡、支付结算可以算是传统业务；
- 贸易融资是基于真实贸易背景提供的多种类型的融资服务，其中相当一部分细分产品都是当前提得比较多的"供应链金融"的组成部分，但说到底，大部分仍是类信贷业务；
- 代理、资金监管、托管则是比较纯粹的中间业务；
- 投资理财中的主要对客产品就是人们经常购买的理财产品；
- 客户资产管理是综合性的金融服务，包括存贷款、票据、收付款管理等，内容比较繁杂；
- 投资银行业务目前开展的多为债券承分销、财务顾问、资产证券化等业务，其中资产证券化通常服务于银行改善自身资产结构的需要；
- 金融市场业务主要包括代客的金融市场交易和利用自有资金的自营业务，前者以手续费收入为主，后者则以买卖价差为主。

经过整理，业务的主要分类如下：

- 传统业务及其延伸业务：存款、信贷、信用卡、支付结算、贸易融资、客户资产管理。
- 以资产增值为目标的业务：投资理财。
- 中间业务：代理、资金监管、托管、投资银行、金融市场（代客部分）。

2. 业务变化分析

如 5.2.2 节对"产品子战略"的介绍，金融产品的复杂性并非与客户核心需求的复杂度成正比，但是与信息的不确定性、不对称性成一定比例。从信息化到数字化的发展过程中，技术在解决这方面的问题上会持续进步，包括出现区块链这类解决方案。

经济学理论中，在讨论发展问题时，一般会在短期内将技术视为限制因素，而在长期则将其视为变量，熊彼特的经济理论中更将技术视为创新因素。对于以上金融业务，在仅以可信连接、信用信息易获得、数字货币为前提的情况下，部分技术的创新就可以推动业务本身发生巨大变化。

（1）传统业务及其延伸业务

数字货币对存款、信贷、支付结算的影响本处不再赘述，从这三项基本业务延伸出去，贸易融资、客户资产管理的业务基础也会随之改变。贸易融资中复杂的产品体现的都是信息不可信、交易对手不可信带来的风险，而这些风险的降低会直接改变产品形态，这一点在 2.6 节中已有论述。

信用卡也面临改变，Capital One 在信用卡方面的实践证明了信用卡不是一个单纯从贷款视角出发的业务，而是如何提供更好的消费便利和返利，而卡本身作为介质存在的基础也已经动摇，招行已经在大范围尝试无卡业务。

（2）以资产增值为目标的业务

投资理财依然符合客户需要，但是从模式上讲，它相当于基于现金的贷款，不具备信用创造功能，跟存贷款业务"揽存、放贷、收息"的模式不一样。

（3）中间业务

中间业务多是在传统业务基础上发展出来的，比如代理类业务、资金监管业务等，这些业务如果以数字货币为基础开展，可以在不使用账户的情况下，靠智能合约类技术完成，非常具有自金融的潜力。其实，在信息可信可追溯、平台可监督的条件下，智能合约很有可能成为一种金融服务类应用的简易形态，而非区块链独有的技术，它是一种设计理念而非特定的技术形态。如果沿着这种趋势发展，这些业务未来的经营限制也可能逐渐放宽，因为这类业务的风险主要是服务提供者的信誉，并不需要有充足的资金作为服务基础。

托管业务当前已经比较专业，领先机构的业务规模一般比较庞大，良好的信誉和清算能力是其开展业务的基础。但清算能力有发生改变的可能，区块链技术可能会给结算业务带来改变，并最终影响到清算模式，到时托管整体的业务模式也可能会为之一变。

投资银行业务中债券承分销业务实际上利用的是银行的筹资能力，本节假定的 3 个技术条件未必会让债券承分销业务发生较大的业务形态变化，尤其是较大规模的债券承分销业务，但是对资产证券化业务的改变却可能很大。毕竟，区块链技术有可能通过 Token 等链上方式替代现有的证券形式，而区块链带来的可信连接有可能大幅简化证券化过程，甚至使证券化也朝向有"AI 审计"背书的企业"自金融"方向发展，使可证券化资产的种类增加，规模则有可能更为小而分散。

金融市场业务中的代客交易，银行目前更多利用的是市场资格和席位优势开展的，而自营部分的基础是其自有资金，尤其是在错配中暂时处于闲置状态的资金，这部分与客户服务无关。但如果银行头寸的模式发生变化，自营业务的开展前提就会发生变化，这同样会受到数字货币对银行基本业务模式的影响。

综上，随着技术的不断发展，客户的自金融能力会逐步增强，金融资源的配置方式也可能出现变化。虽然上述分析不够严谨，详细讨论每一类业务的细节问题也超出笔者的能力，但是从这些"粗浅"的分析中读者应该已经能看出，仅依靠部分领域的技术进步，现有银行业务体系就已经有发生较大转变的可能。

从上述分析中也可以看出，要想应对数字化挑战，现有大型金融机构要确保战略方向正确，并善加利用已经取得的优势和掌握的资源，将其转化为先机，以保持主动；而中小银行在潜心探索数字化的过程中，也可以考虑在专业化领域的选择上多下功夫。

对数字化银行业务模式的展望需要有一定依据，但也要敢于打开思路，就好比没有蒸汽机的时代，你无法想象今天的货运能力，但是已经看到了电灯的光亮，就该去努力拓展电能的应用。毕竟，行业的兴衰更迭是从来不考虑从业者的主观愿望的。

5.6 外部支持

银行的数字化是整个社会数字化的一部分，银行不可能完全依靠自身实现完整的数字化，来自外部的支持很重要，但这是一个太大的主题，本节仅选取对银行数字化较为重要的三个方面进行简单介绍。

5.6.1 信用体系建设

本书多处提及信用信息的易获得性，信用信息其实包含多个层面，既包括基本的信用记录，也包括各类交易信息、行为信息，它最终应当是对人或机构的信用的完整画像。目前，这些信息分散在众多来源之中。

中国人民银行的征信体系是目前国内信用信息体系中最为权威的信息源，同时，国家也鼓励民间征信机构的发展。美国的民间征信机构服务能力很强，在信用体系中的作用举足轻重。

随着大数据技术的发展，国内提供客户画像服务的数据服务商这两年取得了长足进步，但也出现一些乱象，经过国家的治理整顿，数据服务行业会日益正规化。

高质量、高效率的信用体系对金融业的发展至关重要，因为金融业在资源分配上就是根据客户过去的表现预测其未来行为。在走向数字化的过程中，人们对金融服务的及时性要求会越来越高，而金融机构的服务效率也与对客户的信用评价效率成正比，比如现在兴起于互联网的"秒批"小贷业务，其基础之一是信用评价的速度。

信用信息的准确性和易获得性是金融资源配置效率提升的前提，没有人会在不了解对方基本信用的情况下盲目放贷，如果选择承担风险就必须给风险一个合理的定价，而这源自信用评价。

信用信息体系应当作为全社会的基础设施来建设，因为除了金融外，从事其他行业的人也需要对其客户的信用具有适当的了解。信用越透明，业务越简单。数字化社会正应该是一个技术高度复杂、业务非常简单的社会。

5.6.2 数据保护策略

数据被认为是新型"能源",是信息时代的"石油",而且与石油相比,数据还具有可重复使用的优点。数据如此重要,以至于很多企业都致力于广泛收集数据,跨行业的数据共享也是很多企业一直提倡的,"开放银行"理念诞生的初衷也包含这一点,但与此对应的则是对隐私数据的保护。

数字社会的发展离不开数据的开放,由于对于数字经济而言,数据处于与今日的石油、电、水类似的基础资源地位,数据的易获得性和数据的获得成本也就间接决定整个数字经济的发展成本、服务成本,这就要求在开放与隐私之间取得适当的平衡。关于这一问题的讨论会一直持续,隐私保护的范围也会不断变化。

个人的数据就是服务商为其提供服务的前提、过程和结果,没有这些数据,服务商很难提供符合其需要的服务内容和服务质量,尤其是在数字化时代。因此,数据保护既是一个法律课题,也是一个管理艺术,需要考虑诸多因素,地区、文化的差异都会对保护政策产生影响,数据保护的差别已经逐渐成为不同地区间数字化产品差异的决定性因素之一。

制定和维护符合实际需要的数据管理制度将是一项对数字化社会产生重大影响的基础工作。

5.6.3 基础设施管理

1. 硬件类基础设施

数字化时代,公用超级计算中心、超高速数据通信网络、共享跨行业数据中心等提供算力、传输、存储的大型设施将成为与今天公路、铁路、电网等类似的国家战略性基础设施,这些设施遭到破坏可能产生更大的安全问题。

此外,一些大型科技公司已经具备影响社会稳定的能力,因为它们提供了公用的基础设施,比如公有云。目前美国已开始从系统重要性银行的视角,识别系统重要性公司。

除了安全问题外,算力、传输、存储也是计算机领域中大部分应用类技术得以创新性、突破性发展的基础,也是国家在信息化技术、数字化技术间竞争的基础。最典型的例子莫过于人工智能技术的发展,没有硬件技术在这三个方面的突破,人工智能技术就无法取得今日的"热点"地位。面向数字化的众多应用,包括大规模数字孪生、区块链等,也都离不开这三个方面的发展。

2. 软件类基础设施

与当前时代不同的是,一些"软"设施,比如服务大范围群体的综合性业务平台,也会成为基础设施。此类设施的发展如果缺少国家规划,不仅会有不必要的重复建设,而且会由于标准问题产生数据孤岛、数据割据,十分不利于数字化社会的建设,这就如同铁路发展初期那种不同地区之间的通车问题。

对于技术的发展,总体而言当然应该持开放自由的态度,鼓励竞争。但是面向数字化社会,从国家层面也应进一步加大对数字化基础设施的甄别,有效管理基础建设。除了技术形态的区别外，这与当前国家对现有基础设施、战略设施的管理逻辑是一样的，这些都属于国家战略层面需要考虑的问题。

上述外部支持对银行数字化战略的实现有较大影响，银行和社会都应当关注，并引导其向对全社会各个层面都更加有利的方向发展。

5.7 小结

本章从企业架构角度整体阐述了银行从信息化到数字化的转型路径和关注点，采用价值链分析方法将数字化战略分解到银行的各项主要活动中。数字化阶段对银行的敏捷性、协调性的要求更高，如何使银行整体联动起来，这个问题既是银行过去、现在关注的问题，也是未来需要关注的问题。基于企业架构的管理能力不可或缺。

银行的数字化转型不仅是银行内部的工程，也关系到与客户、竞合伙伴的连接，涉及外部支持，更要同步配合监管的数字化。数字化银行的高阶上下文图（描述系统与外部之间交互关系的组织视图）如图 5-16 所示。

应当注意的是，本书设计的价值链是针对数字化银行最终目标的，而从信息化到数字化过程中，银行在不同阶段的价值链形态可能是不同的，这一点在 5.3.2 节分析产品管理时已经有所体现。价值链设计方法有多种，最重要的是结合企业自身的目标和实际设计自己的价值链，并据此分析和指导自身的企业架构设计。

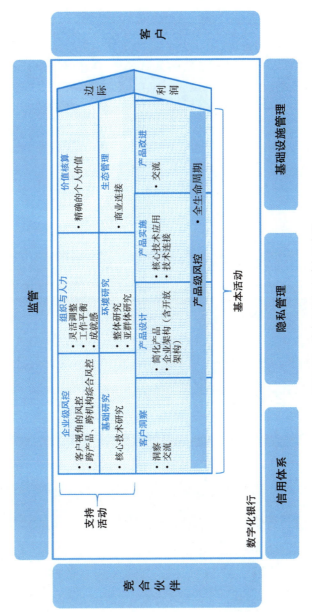

图 5-16 数字化银行高阶上下文图

第 6 章 | CHAPTER 6

对数字化银行的展望

上一章按照企业架构分析方法,根据笔者对银行数字化转型的理解,从战略起步,通过价值链将包含战略、架构、技术和业务四部分的数字化转型路径自顶向下串联起来,从企业架构视角介绍了转型的整体逻辑和重点,总体而言属于"抽象"介绍。

本章再以当前已经出现的技术为基础,尝试"猜想"客户视角的数字化银行外在形态,结合上一章的内容,为读者提供转型结果的"具象"介绍。

6.1 银行形态彻底改变

6.1.1 视觉方面

虚拟现实技术通常分为虚拟现实（VR）、增强现实（AR）和混合现实（MR）三大方向，其中包含不同的人工智能技术和工程实现方法，目前这些技术已经得到了良好的应用。

电梯制造商蒂森克虏伯为销售人员配备了微软公司的HoloLens，销售人员可以在建筑现场使用HoloLens测量楼梯等实际环境的3D数据，并通过云端与公司相关部门共享，实现实时反馈。HoloLens还允许销售人员在现有的真实楼梯上叠加楼梯升降机的虚拟3D模型，让客户轻松地体验安装后的场景和功能。现场技术人员则可以通过HoloLens获得远程支持，将通常需要2小时解决的问题缩短到20分钟，大幅降低维修的时间成本。美国军方也使用HoloLens 2进行研发测试，测试内容包括地图投影、夜视、武器瞄准引导线等。飞利浦公司将HoloLens 2应用到其影像引导平台，为医生实时进行的微创手术提供全息图像，协助手术进行，这其中融合了眼球追踪、语音识别和自然手势交互等技术。

飞机制造商波音公司利用谷歌的AR眼镜简化装配流程，使工程师的装配时间缩短25%，出错率降低50%。工程师利用APX Labs公司研发的应用程序，通过AR眼镜扫描装配现场某个部件的二维码，该部件线束的装配指导就会自动在眼镜上显示出来，工人只需要按照指导步骤即可完成装配。

美国著名的军用飞机制造商洛克希德·马丁公司也在尝试将 AR 技术应用到飞机制造过程中，在安装起落架的部件时，工程师通过爱普生 Moverio 的 AR 眼镜显示的安装手册和操作步骤，可以详细了解每根线缆、螺栓以及需要安装的位置和编号等信息，从而提高安装效率。据统计，装配速度能够提高 30%，准确率达到 96%。

我国国家电网的巡检任务中也使用 AR 眼镜指引巡检规范，同时收集巡检数据并连接电力设备获得设备信息，实时显示电力设备可能会发生的故障和危险。

上汽通用下属的别克、雪佛兰、凯迪拉克三大汽车也已采用"亮风台"AR 技术提供 AR 看车、AR 汽车说明书等 AR 销售与售后服务。保时捷也将陆续投放 AR 眼镜到美国 189 个服务中心，帮助工程师缩短维修时间。

通过此类设备，银行客户也可以在任何地点与银行的服务人员进行具有良好视觉效果的沟通，客户还可以通过设备的交互操作功能，对贵金属、纪念币等实物类产品进行远程挑选、下单之类的操作。

目前，此类设备在佩戴舒适度、视觉效果等方面还存在一些问题，但其未来的发展非常值得期待。

6.1.2 数字人类

随着 3D 技术在电影中的大量使用,数字人类技术近年也发展较快,并可以与虚拟现实设备结合。

两次获得奥斯卡奖的新西兰的 Soul Machine 公司推出的女性数字人类 Rachel 能够以丰富的表情与人交流。梅赛德斯 – 奔驰公司已经使用该公司设计的 Sara 作为销售代表为客户在网络上挑选汽车。

苏格兰皇家银行也"雇佣"了该公司设计的 Cora 作为客户经理,在其利物浦、曼彻斯特分行进行测试,为客户提供相关服务,据称每日可以处理 1000 个问题。Cora 会记住客户,当客户出现时可以叫出客户名字,并准确记得上次客户跟她说过的话,甚至可以成为客户智能电话通讯录中的一个人来与客户进行交流。"她可以在常规服务的基础上,以一种新颖的方式与客户互动,全天候回答客户提出的问题,同时缩短排队时间",苏格兰皇家银行旗下的 NatWest 银行创新总监 Kevin Hanley 如此表示。

数字人类技术带来的是数字雇员,而数字雇员与虚拟现实、增强现实等技术的结合,可以使虚拟渠道变得非常"真实"。

6.1.3 语音交互方面

除去语音识别、语义分析已经取得的成就外,多轮交互技术的发展也在加快,百度的 DuerOS 等人工智能语音交互平台正致力于这方面的发展,微软小娜、小冰等各种聊天机器人的进步也是有目共睹的。

近两年的智能音箱大战已经让语音控制技术走入了家庭生活,在大量用户交互的支持下,技术将取得更快的发展。据称,日本松下集团最近研发了一款球形汽车,名为 Panasonic pod,其搭载的人工智能操作系统中采用了大量的语音控制和手势控制。

语音交互叠加视觉技术,未来将使虚拟渠道完全能够提供与柜面服务相近的服务感受,而基于强大的算力、算法,其在多方面超越人工服务的可能性非常大。

6.1.4 数字身份

身份识别是众多金融和非金融服务场景中非常重要的一环,而数字身份可以有效解决验证和授权这两个身份识别的核心问题。数字身份的未来方向很可能是与区块链技术相结合。微软2018年发布的区块链去中心化身份识别系统 DID(Decentralized IDs),已经允许用户对自己的身份信息有一定掌控权。国内企业阿尔山金融科技也有此类研究,Libra 白皮书中也提到了对数字身份的关注。

6.1.5 法定数字货币

虚拟服务替代物理网点的最后一块拼图很可能来自法定数字货币。

我国央行目前对整个数字货币体系及应用方法有着非常全面、领先的研究成果，有专门的数字货币研究所和数十项相关专利技术，其数字货币模型等研究成果还荣获了 2017 年银行科技发展奖一等奖。

银行电子渠道的兴起对业务离柜率贡献极大，但现金仍是人们不得不去网点的最重要原因，一旦法定数字货币发行，人们对物理网点的依赖将彻底消除。网点的存在将基于其他目的，比如 Capital One 的网点主要是 Capital One 咖啡馆，颇具企业文化展示效果。

6.1.6 数字孪生

数字孪生对数字化银行的贡献不仅在银行自身，还在于其对整个社会数字化的作用，虚拟空间与物理空间的交互和虚拟空间的高仿真度对于人们的数字化生活非常重要。

目前已经有用数字孪生技术来进行"孪生城市"设计的计划。新加坡国家研究基金会（NRF）计划开发一个"动态的三维（3D）城市型和协作数据平台"，该项目投资 7300 万美元，用于开发平台及在 5 年内研究最新技术和先进工具。虚拟新加坡的用途在于进行协作决策、沟通可视化、城市规划决策以及太阳能能效分析等。法国、加拿大、印度等国也有此类计划。

物联网、5G、边缘计算等相关技术的发展会进一步提升数字孪生技术的发展空间。

综上，视觉技术、数字人类、语音交互、数字身份、数字货币、数字孪生等新兴技术将彻底升华金融服务能力。我们已经可以窥见基于数字孪生等技术形成的高仿真虚拟空间。客户通过数字身份可以被金融服务机构简便准确地识别，通过视觉技术、数字人类、语音交互可以获得不亚于甚至超过当前柜台服务体验的定制化专享服务。而数字货币将彻底解决物理货币对金融服务的限制，客户将可以通过各类设备便捷地、不受环境因素限制地享受金融服务，必要时仍可以与物理空间进行活动，这将远超现有"柜台+网络"的服务方式，银行形态终将发生极大变化。这些技术组成了银行数字化的"关键技术环"，如图 6-1 所示。

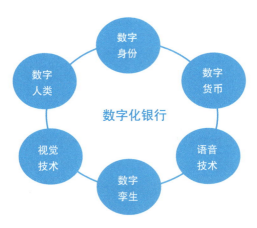

图 6-1　决定数字化银行对客形态的关键技术环

6.2　与全社会连接

数字化时代的金融服务应当是无时不在、无处不在、按需设计的，各类企业的服务能力是有专长的，但以客户为中心的服务应当是无缝衔接、无界融合的。

从简单的接口设计到 API 的发展，技术已经逐渐具备从整个社会的角度理解和实现分工协作的基础能力，其目标是让客户更容易获得需要的服务，与场景结合更深、更智能、更便捷，而这一切的基础是所有服务提供者要做到开放、共享、互联，也就是边界开放、信息共享、能力互联。

银行已经在尝试打开边界，与各行各业互联互通、合作共赢，这是技术和业务发展的共同趋势，未来金融服务可以按需求"拼凑"成定制化的业务，随时出现，达到其作为服务行业的最高境界。如图 6-2 所示，依托数字化社会基础设施，整个社会都将连接在一起。

基于 5.6.3 节中描述的社会基础设施，在通过云方式组织的超算中心、高速传输网络和海量分布式存储基础上，通过数字孪生等技术建立连接所有参与方的虚拟空间，政府、银行、合作方共同组成以客户为中心的竞合生态圈，通过洞察技术和送达技术，实现为客户提供协同化、定制化的服务。服务的设计来自以企业架构为基础延伸出来的开放式架构能力。这不仅是当前"开放银行"的概念，还是面向社会的连接，是以客户而非银行为中心的开放。开放式架构将成为银行下一代架构风格的主要形式，如图 6-3 所示。

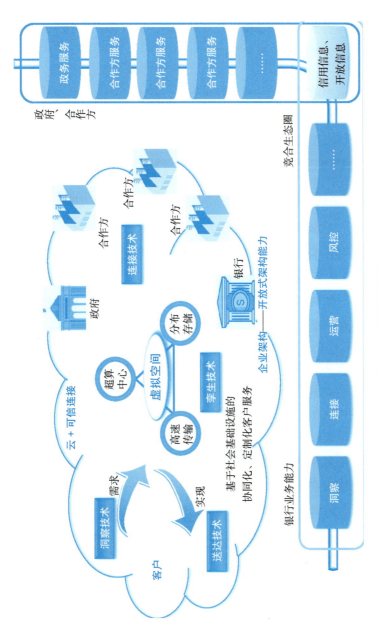

图6-2 与社会连接

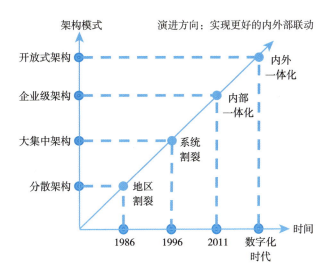

图 6-3 向开放式架构演进

6.3 应关注的关键技术

尽管技术的发展难以预料,但是基于前两节对数字化银行形态的设想,可以尝试总结下对银行数字化转型而言比较关键的一些技术类型。数字化银行整体架构如图 6-4 所示。

空间层	人工智能体验	数字身份	数字孪生		
业务层	智能合约	人工智能分析	边缘计算	RPA	远程协作
资源管理与连接层	云	物联网	可信连接		
基础设施层	量子计算	"N"G 通信技术	分布式存储	数据湖	

图 6-4 与数字化方向相关的关键技术

可以从架构视角重点关注以下技术发展方向:

- **基础设施层**。包括与计算、传输、存储三大基础技术相关的量子计算、高速传输网络、海量存储技术，这些基础设施未来可能是企业自己拥有，也可能是基于国家战略建设的超算中心、骨干网络和跨行业数据中心。
- **资源管理与连接层**。云作为当前较为有效的资源管理模式，其技术形态仍在持续演进，包括超融合、分布式云等；物联网技术将连接众多的物联网设备，这些设备不仅对当前智慧城市的项目影响巨大，也是实现大规模数字孪生的基础；可信连接是数字化转型中非常关键的技术，没有可信连接，数字化转型的成本将很难降低。
- **业务层**。智能合约概念与数字化技术赋能个人的演进方向非常契合；人工智能技术未来可能在总体上分为辅助业务决策的分析技术和辅助交流的体验技术，在业务层发挥作用的是前者；与物联网发展趋势相协调的是边缘计算，其也可以视为辅助业务的决策分析技术；RPA可以与人工智能分析技术、物联网技术很好地融合，而远程协作技术将进一步加强RPA的实现效果。
- **空间层**。空间层打造的是整个虚拟空间，人工智能体验技术、数字孪生技术将决定虚拟空间的最终效果，人工智能体验技术包括6.1节中提到的虚拟视觉、语音交互、数字人类等；数字身份是人可以在虚拟空间中自由穿梭的识别依据。

对数字化转型可以产生影响的细分技术形态还有很多，但笔者能力有限，故就不在书中一一列举了。

6.4 对转型程度的衡量

数字化银行的具体形态笔者也只能基于现有业务、技术的发展趋势进行"猜想",至于对数字化银行转型程度的检验,可以分信息化和数字化两个不同的阶段进行。

6.4.1 信息化高级阶段

对于一家银行是否进入信息化高级阶段,我们很难再用日本学者梅棹忠夫当年提出的较为简单的计算机化程度衡量。信息化高级阶段对当前企业而言也是一次转型。对这一阶段,银行可以认真研究一下目前信息化较为深入的各行业领先者,如 Capital One、奈飞(Netflix)等公司的经验,为自己设计标准。

奈飞在过去 20 年中,从 DVD 租赁到流媒体再到原创内容,两次成功找到"第二曲线",通过转型实现长期的高速增长,从一家以 DVD 邮寄租赁服务为主的公司转型成一家顶尖的科技公司和内容创作公司。该公司在这 20 年中,除 2018 年为在内容方面对抗漫威收购了一家公司外,几乎没做过什么收购动作。

奈飞做了连续、巨大而成功的企业转型,除了业绩外,其追求的单一目标公司战略(只关注用户)、高度简化的增长飞轮(形成收入增长、原创内容、用户增长之间的良性循环)、高密度优秀人才战略(只留最优秀的人,让优秀的人吸引优秀的人)、技术方面的微服务架构设计、对抗技术风险的混沌工程等方方面面都成为其他企业的学习标杆,近年还编写了《奈飞文化手册》,为诸多企业提供了文化建设方面的指引。

从奈飞的经验中可以看出，转型必须是企业的全方位转型，甚至是从一家对技术要求较低的传统企业蜕变为在技术方面颇有造诣的顶级科技公司。

企业转型成功的首要衡量标准当然应该是其市场业绩，毕竟这是企业的生存前提。除去市场业绩之外，本书最为关心的是以下标准是否通过转型得以实现：

- 企业对业务的理解和业务形式是否发生了较大变化（参考奈飞从出租到内容制作的变迁）；
- 客户体验是否产生较大改变，甚至改变了客户的行为习惯（参考奈飞客户从邮寄录像带到可以在线点播，并通过评论影响影视作品剧情走向，从而获得参与感）；
- 企业是否形成了更有利于业务与技术融合的文化（可以参考奈飞企业文化）；
- 企业人员构成的变化情况，科技人员占比是否合理（对于这一点参考的例子就不限于奈飞了，当前领先的所有科技公司都是例子）。

上述标准可以用图 6-5 所示的四象限来表示。

这些衡量标准也许缺乏科学的量化指标，但是对企业转型而言很重要。企业转型也可以理解为企业行为的转变，如果上述标准没有满足，企业行为是很难有所转变的。

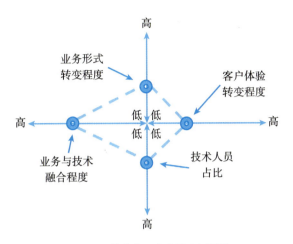

图 6-5　信息化程度度量四象限图

关于对银行业应用第二曲线理论的分析可以参见附录 B。

6.4.2　数字化阶段

在信息化程度到达高级阶段，人们的虚拟空间生活旅程真正开始之后，就可以采用本书提出的覆盖度和真实度两个绝对数指标来衡量数字化程度。对于银行而言，前者是数字化技术对本行业务范围的覆盖度，后者是本行业务的仿真水平（给客户带来的真实感），将二者的乘积作为数字化水平，并与客户满意度结合进行转型调整。毕竟数字化是外在的，客户满意才是真谛。

本书介绍的对数字化转型的衡量指标很少，因为数字化转型在技术层面还有很大的不确定性，包括时间和具体实现方法。在目前这个阶段展望真正的数字化，应当是按照本书之前的建议，从企业架构角度设定长期的数字化转型目标，努力做好当前面向信息化高级阶段的建设，关注全社会的数字化进程，及时做好技术引入和业务变革。

在信息化高级阶段各种指标较为明晰后，再考虑为数字化设定更详尽的衡量指标。

|尾 声| CODA

冷静看待数字化

  数字化如今已成为各行各业的热门话题,但是在笔者看来,数字化当前仅仅初见端倪,依然前路漫漫。数字化不会一蹴而就,更不会瞬间改变一家企业,但是的确有可能在一场"数字化马拉松"中让转型失败的企业逐渐"掉队"。企业应当重视数字化,应当进行刻苦的内在修炼,但也应当避免操之过急,方向错乱。

银行不会瞬间改变

1. 试错需要时间

所有技术创新都是已有技术的不断组合,都是在不断试错过程中持续前进,数字化这种换代技术更是如此,而且它需要整个社会的转型与之匹配。除了技术上的试错,我们还需要制度上、行为习惯上的试错,每种试错都有其成本、代价,也有其惯性,成功和失败都需要时间。

2. 技术也有局限

数字化技术的未来一定是神奇而美好的,如同电影《头号玩家》从游戏角度诠释的数字化生活。数字化生活固然要靠数字化技术实现,但是技术不能解决一切,尤其是不能解决人的思想意识的转型,不要给技术额外的负担。数字化是赋能个人进而赋能企业、社会的,"能力越强,责任越大",无论是个人还是企业,都必须有更强的责任意识,才能更好地运用能力。

3. 融合需要时间

数字化是全社会的有机融合与高效联动,它需要技术与技术的融合、技术与业务的融合、业务与业务的融合、企业与企业的融合、社会与社会的融合,是多层次、全连接的融合,而支持这种融合的是知识体系的融合、价值观的相互包容,因此,数字化社会从人们踏入开始,其本身就将是一个漫长的发展过程,而不是一次仅仅基于代码的系统升级。

银行终将改变

唯有变化不变。亚马逊、爱彼迎（Airbnb）、Uber、阿里巴巴、美团等国内外较为成功的"新手"改变传统行业的案例已经成为这个时代的商业经典，不少成功的"新手"也都在"觊觎"金融这个历史堪称悠久的传统行业。跨界者通常会带来新思维，无论有没有数字化这个前提，银行都将会改变，技术只是增加了手段，提升了速度。

如果读者有兴趣，可以回顾金融史，从金融史中深刻体会金融业务的变化历程，正如威廉·戈兹曼先生在其所著的《千年金融史》中所言："金融技术改变了我们现在或将来在身所处的经济地位，也改变了我们的思维方式。"同样，我们的思维方式也影响着金融业务的模式，现有金融业务模式存在的不足是需要靠转变思维方式来解决的。

慎思笃行

在数字化转型过程中，银行应多思考金融的本质是什么，如何通过技术让金融业务更接近其本质。

数字化以赋能个人、赋能客户为前提，对银行而言，正应思考"上善若水，水善利万物而不争"及"夫唯弗居，是以不去"的现实含义。

数字化转型要举全企业之力，应当思虑周全，"慎始如终，则无败事"。真正决定数字化成效的是实现战略落地的企业架构管理能力,而非技术本身。

数字化转型是全社会的整体演进,银行投身于数字化转型也应当视野开阔。"不谋万世者,不足谋一时;不谋全局者,不足谋一域"。

数字化转型是一场"持久战",不会"毕其功于一役"。践行数字化要有韧劲,更要时刻关注其自身蕴含的风险。

国内银行在进行数字化转型时,要时刻牢记党和国家对金融行业提出的三大任务:服务实体经济、防控金融风险、深化金融改革。

附录 A | Appendix A
关于数字货币可能诱发现金社会的经济活动的模拟及思考

货币形态对人们使用货币的行为方式具有直接影响,从实物货币、形式货币到电子货币,货币形态与使用货币的行为互相作用、共同改变,而这种改变也同时诱发或伴随社会经济结构、行业形态的变化。笔者认为,数字货币的大规模应用完全可能诱发社会经济活动转变为以"现金(数字货币)"为主要流通手段的现金社会,无须再依赖存款进行转账。本附录对数字货币环境下的部分经济活动进行了模拟,思考数字货币可能带来的变化及其背后的原因。

A.1 目标、假设条件及基本过程

A.1.1 目标

本附录力求实现一个较为完整的数字货币经济循环,形成用于分析社会行为的简化经济过程(以下简称本过程为"模拟循环")。

A.1.2 假设条件

本附录所述的数字货币假定为法定数字货币,由中央银行发行,经商业银行流通至社会。

模拟循环采用现代经济社会中常见参与人结构,包含中央银行、商业银行、企业、商户、个人五部分,各方角色定位如下:

- **中央银行**:数字货币一级发行者。
- **商业银行**:数字货币二级发行者,理财产品及数字货币借贷金融服务提供者。
- **企业**:数字货币支付接受者,数字货币理财产品购买者。
- **商户**:数字货币支付接受者,应用数字货币的采购者。
- **个人**:数字货币支付接受者,应用数字货币的消费者、数字货币理财产品购买者、数字货币融资者。

本附录采用区块链技术支持模拟循环。

A.1.3 基本过程

法定数字货币由中央银行发行,首先注入商业银行体系,再由商业银行提供给个人或企业，个人或企业通过以数字货币购买理财产品的方式为银行提供资金，理财资金再构成数字货币借贷提供给个人。消费过程中，个人将数字货币支付给商户，商户支付给企业。整个运行过程中无存款形态。模拟的范围涵盖数字货币一级发行、二级发行、理财、消费、借贷、薪酬支付等活动。本附录对数字货币一级发行、二级发行的描述借鉴目前中国人民银行有关人员对数字货币发行方式的公开探讨。

A.2 模拟循环

A.2.1 基于区块链技术的模拟循环整体视图

区块链技术具有的点对点支付、账本不易篡改、信息共享等优点有利于数字货币流通环境的建立。基于区块链技术的模拟循环整体视图如图 A-1 所示。

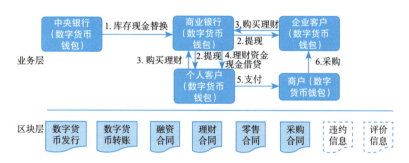

图 A-1 数字货币经济活动整体循环图

区块链技术提供底层分布式账本服务，记录数字货币发行、转账、各类型业务合约、智能合约等，以及可供社会监督的违约信息、评价信息等，以求建立起更可靠、更易传播的信用体系，支持其上的数字货币流通活动。

A.2.2 第一轮模拟运行：数字货币发行

中央银行发行 100 个数字货币替代商业银行体系中原有的现金。如果数字货币钱包有足够高的安全性，加之点对点支付的便捷性、数字货币可编程性等优点，企业、个人都有可能选择自己保管数字货币而非以存款的方式存入银行。第一轮模拟结果如图 A-2 所示。

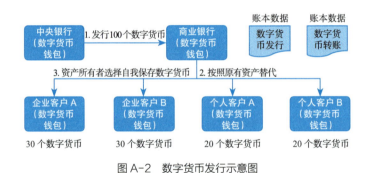

图 A-2　数字货币发行示意图

关于数字货币更可能被企业、个人分散保管的原因应当首先从人们将现金存入银行的动机说起，其中主要动机包括：

❑ **安全性**：大量的现金以实物形态保存在企业或个人手中安全性较低，而存入银行则更为安全。

❏ **支付便捷性**：使用银行及基于银行账户的第三方支付远比直接使用现金支付方便。

❏ **利息收益**：现金存入银行转化为存款，可以获取利息收入。

在数字货币环境下，前两项动机将大为削弱。随着数字货币钱包的安全技术不断提升，企业、个人保管数字货币将不再是不安全的行为，而且，在数字货币钱包领域，银行提供的安全服务也未必是最优的。由于数字货币有能力通过区块链技术实现点对点支付，并且区块链架构可以围绕企业、个人构建更多应用（诸如更好的供应链可视化能力等）、智能合约，实现更好的数字化生态，因此在点对点支付和可编程性的双重挤压下，银行支付的便捷性优势也难以为继。其实，早在第三方支付盛行的时候，银行账户就已经脱离开场景，退化为支付行为的底层账户，而在点对点支付的前提下，银行账户即便作为底层账户也失去实际价值了。

综上，只有第 3 项仍然可以吸引客户将闲余的数字货币存入银行，转化为存款，但是银行存款对客户的吸引力是不如理财产品的，虽然资管新规打破了刚性兑付，理财产品逐渐转化为净值型产品，但是其能提供的预期收益率仍然高于存款。而随着利率市场化的不断推进，借鉴西方国家的经验，存款实际收益会进一步走低，加之投资渠道的多样化、数字货币形态可能诱发的行为改变，企业和个人的存款意愿很可能大幅降低。因此，本附录大胆假设，并在后续的模拟循环中用理财产品替代存款产品作为银行获取可运用资金的主要方式。

A.2.3　第二轮模拟运行：银行吸收闲余数字货币

商业银行出于盈利目的会考虑通过提供理财产品的方式（在数字货币环境下，商业银行也可以通过提供密钥保管、货币兑换等方式盈利，但本模拟简化了场景）吸收分散出去的数字货币，以通过提供数字货币贷款的方式盈利。与存款不同，理财不提供保本模式，不提供刚性兑付，由于理财资金的投放也伴随数字货币的实际转移，因此本身也不具有货币乘数的特点。假定企业客户 B 和个人客户 A 各用闲余的 5 个数字货币购买银行理财产品，预期收益率为 4%，第二轮模拟结果如图 A-3 所示。

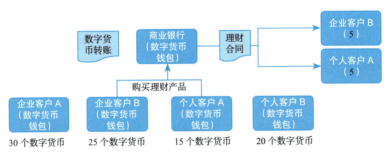

图 A-3　数字货币条件下银行吸收货币的方式

经过这一轮，银行获得了作为可运用资金的 10 个数字货币。

A.2.4　第三轮模拟运行：数字货币借贷与消费支付

个人客户 B 进行消费，由于资金不足，经协商，最终以 4% 的价格向商业银行借贷 10 个数字货币，商业银行使用理财资金为其提供所需货币；个人客户 B 支付给商户后，商户将采购资金支付给企业客户 B，完成整个商品流通过程。第三轮模拟结果如图 A-4 所示。

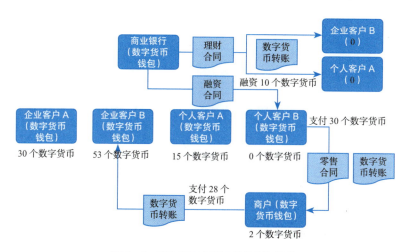

图 A-4 数字货币条件下的借贷与消费

经过这一轮，由于进行了借贷行为，银行理财产品中的数字货币已经转移给个人客户 B，钱包清零；个人客户 B 通过借贷实现了 30 个数字货币的消费，钱包也已经清零；商户将这 30 个数字货币中的 28 个支付给企业客户 B 用于商品采购，作为差价获取了 2 个数字货币的收入；企业客户 B 钱包中的数字货币由于实现销售收入而增加到 53 个。整个过程体现出了数字货币明显的现金特性。

A.2.5 第四轮模拟运行：数字货币薪酬支付与还贷

企业客户 A 支付 12 个数字货币劳动报酬给个人客户 B，个人客户 B 偿还商业银行的现金借贷；商业银行结束其理财产品，由于个人客户 B 只提供 4% 的收益，扣除经营成本，商业银行实际为理财产品提供 3% 的收益并返还资金，整个模拟过程结束。第四轮模拟结果如图 A-5 所示。

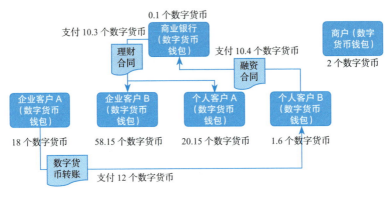

图 A-5　数字货币条件下薪酬支付方式与还贷过程

模拟循环结束时，企业客户 A 在支付薪酬后剩余 18 个数字货币；个人客户 B 在偿还贷款后剩余 1.6 个数字货币；银行在收到 0.4 个数字货币后，作为收益保留 0.1 个数字货币，而终止理财产品时，实际返还 10.3 个数字货币；企业客户 B 收到返还理财资金本金和利息后，数字货币增加到 58.15 个；个人客户 A 收到返还理财资金本金和利息后，数字货币增加到 20.15 个。

A.3　模拟结论

通过观察模拟循环过程可以发现，以数字货币为基础的经济活动具有明显的现金社会特点。

数字货币不同于目前的现金，是内生于网络的货币，不具有实物形态，是纯电子形态，因而，不具有当前现金与存款这种可以将实物与运用分离的特点。存款由现金派生，对存款的转账并不伴随现金的移动，"钱"和"账"是分离的，但是对数字货币而言，"钱"和"账"是一体的，"账"动即"钱"动，这一点在比特币的运行环境中表现非常明显。因此，应用数字货币的社会很可能就是现金社会，而本文的模拟循环也证明了这一体制是可运行的。

区块链技术具有的点对点支付、账本防篡改等优点使企业和个人可以减少对基于银行账户的支付体系的依赖，更方便地加入网络中完成经济活动，这一点在模拟循环中已经体现，会加速金融脱媒进程。

这种行为改变很可能对商业银行的经营模式、中央银行的货币政策及货币行为都产生不同程度的影响，比如货币乘数大为削弱会对货币供给政策产生影响。

较之电子银行尚未兴起时由银行体系支持的信用货币时代，人们的货币使用行为也许会更接近以使用实物货币为主的古代社会。

A.4 本附录的局限

本附录的分析依然局限于较为简化的理论模型，缺少对数字货币应用分析最为关键的行为数据。目前可供观察的数字货币应用仅有比特币等少数基于个人或者组织发行的公链虚拟货币，但其是货币行为混乱，掺杂各类炒作，不适合作为提供政策依据的主要研究对象。同时，本附录对于理财产品运作模式的描述也不够严谨，但是考虑到数字货币环境下经济行为可能发生的变化，依然有其合理性。

综上，本附录设想了一个在法定数字货币环境下的经济活动过程，描述了法定数字货币发行后可能诱发的现金社会模式和对存款这种"古老"的金融产品产生的影响。如果本附录提供的模拟框架经过适当包装后能够转化为某种社会性实验，应该可以为分析数字货币行为、制定数字货币政策提供更好的依据。

附录 B | Appendix B
对第二曲线理论的认识和银行业的应用建议

增长是一个企业能够持续回馈国家、社会、客户、员工和股东的必要条件,因此,保持增长就成为企业的一项关键职责。但是,时代永远是非线性发展的,企业也无法永远保持主业的简单线性增长,而第二曲线正是总结企业如何通过非线性增长来获取持续进步的理论。

B.1 理论及外部实践

B.1.1 理论简介

从理论层面讲，第二曲线描述的是企业对破局点、极限点、失速点三个关键时点的判断和应对。企业必须首先找到破局点，这是识别第二曲线的第一步，否则，企业将永远停留在第一曲线上无法自我超越。

极限点决定了企业何时必须全力切换到第二曲线上，因为在找到破局点时，第一曲线仍然是企业的主要收入，何时切换、如何切换很重要，这可以避免企业由于改道而给竞争对手留下可乘之机。

失速点与极限点往往是同时到来的，企业从这个点开始将会疲于应付第一曲线的危机而无暇开发第二曲线。在第二曲线的培育上，则应注重对单一成功要素的拆分，也即找到可能以十倍速度改变行业的关键模式或技术，之后全力投入，不轻言放弃。

第二曲线理论中的三个关键点如图 B-1 所示。

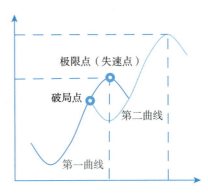

图 B-1 第二曲线理论中的三个关键点

B.1.2 成功实践

从实践层面看,最成功的案例是奈飞(Netflix)。过去 20 年中,奈飞获得了巨大的飞跃,两次成功切换到"第二曲线",从一家以 DVD 邮寄租赁服务为主的传统公司转型成一家顶尖的科技公司和内容创作公司,并且,该公司的转型"完美"地展现了战略选择的正确性、时机把握的准确性和对抗转型困难的坚韧性。公司在 DVD 租赁业务利润还很好时就开始了转型尝试,在早早意识到网络模式可能带来的破局点后,公司尝试进行互联网模式的改造,经历过多次失败和巨大投入后,公司的点播业务开始呈现出增长态势,并在 DVD 租赁业务衰落前及时切换到在线点播的新业务线上,在转化原有客户的同时,吸收了大量网络新用户。其后,奈飞不满足于购买影视版权进行点播业务,根据其对客户的了解,探索了影视制作领域的新模式,增加了客户对剧情走势的参与,在点播业务市场完全饱和之前,切换到影视制作这条曲线上,延续了转型成功的"套路"。

如今的奈飞在企业管理、技术创新、文化建设方面都已成为业界的标杆,"第二曲线"的切换成功,带给企业的实质性收益已经远远超过单纯的经济收益。

除此之外,苹果的 iPod、小米的低端手机也都被视作产品方面的第二曲线成功案例。iPod 以极其简单的功能战胜了功能多而全的索尼产品,小米依靠低端手机的增长成功扭转了其在最初高增长后突然出现的暴跌局面。

B.1.3 失败案例

失败案例最典型的当属诺基亚。2007 年,诺基亚如日中天,手机的全球市场占有率高达 40%,迄今无人能及,而智能手机的市场占有率也达到 50%。然而,它在功能机和智能机的方向选择中选择了前者,将已经踏入第二曲线的一只脚缩了回来,最终在 iPhone 和安卓手机的夹击下一败涂地。

此外,失败的案例还有某讯在搜索引擎、电商、微博方面的尝试,尤其是搜索引擎,该公司花重金从谷歌挖人并长期投入,然而依旧无法找到破局点,最终导致失败。

B.1.4 思考

通过对理论和案例的观察,可以得出一些关于第二曲线应用的结论:

- **曲线间的继承性**。第二曲线一般是在第一曲线的发展过程中基于第一曲线的业务模式进行的颠覆式创新,即成功的第二曲线通常与第一曲线是有联系的,能够引导第一曲线的客户转移到第二曲线并实现更好的增长。
- **企业进化的全面性**。无论是一骑绝尘的奈飞,还是推出了 iPod、iPhone 的苹果,其自身的软硬实力都是无与伦比、个性鲜明的,跨越第二曲线的进化过程使它们在众多方面成为其他企业的学习对象,它们的成功并非靠运气。

B.2 银行的应用建议

B.2.1 银行业可能到了切换到第二曲线的时刻

在A股市场上,银行几乎连续十年成为盈利最高的行业,但是过去十年支撑银行高速发展的关键因素——基础设施建设热潮、房地产行业的繁荣、大型企业的博兴和地方政府融资平台的大量举债等,作用力正在减弱,而来自互联网行业的持续挑战,比如第三方支付、数字化银行业务规模的跨越式增长,让我们有理由相信,金融行业的第二曲线正在出现,而形成破局点的关键因素很可能是科技(并不仅仅是金融科技,而应是更广义的科技)对金融领域的影响和应用。

但是考虑到我国目前金融体系的特殊性和金融服务覆盖度,跨越到第二曲线可能更多意味着对现有客户群的重新分配和金融服务覆盖度的深化。

B.2.2 由科技支撑的第二曲线模式

目前和未来一段时间内,科技能够支撑的第二曲线,很可能是基于渠道完全虚拟化(语音驱动、AR、VR、数字人类、区块链、法定数字货币等技术)和开放银行的深度金融服务数字化,即便不详细罗列其背后的技术清单,也可以判断这是对现有主流服务模式的颠覆。如同奈飞公司从DVD邮寄租赁服务向支持在线点播的流媒体服务的转型,银行必须更多依赖科技手段才能有机会向B、C、G端,乃至更多类型的客户提供服务。

银行并不会在跨越到第二曲线的过程中忽视主业，终极目标依然是提供金融服务、服务实体经济，这不仅是商业问题，也是我国大型国有商业银行必须承担的社会责任，是必须打赢的跨行业竞争和必须坚守的行业底线。

但银行服务的提供方式、企业能力构成、全景业态模式将发生较大变化，实体机构存废、人员结构调整会给银行带来一定的抉择压力，保留的机构和前台服务人员将更多指向无法融入或只能浅层融入数字化生活的客户。

银行面对第二曲线的转型目标最需要的是持续强化自身的科技实力。目前，除高调宣传向科技公司转型的高盛、摩根士丹利外，美国银行2018年IT支出超过80亿美元，支出金额在全球公司中排名第六，超过一些科技巨头；富国银行和花旗银行支出超过60亿美元，分别位列第九、第十。虽然不能就此断言这些优秀的银行已经在通过科技开辟第二曲线，但是其对科技的重视仍不容小觑。

B.3 风险管理

B.3.1 金融科技在风控领域的应用

金融科技在风控领域的应用种类繁多，很难一概而论，大的应用方向主要有模式识别（反欺诈）、规则管控（操作风险、道德风险）、效率提升（快贷审批、身份鉴别等）和不间断防控能力（7×24小时全天候）等，这些方向多是人工防控的不足之处。

金融科技的风控应用更多还是属于工具性质，目前人工智能、区块链、物联网等技术手段与金融的结合还只能算是初期，云计算、大数据、移动技术的应用相对而言更为深入。上述技术的发展，会进一步丰富银行的风控手段、提高风控能力，但是深层次的应用效果离不开使用者对技术的把握能力。简单地采取"拿来主义"的态度，直接购买现成的软件应用并不能满足深层次赋能和配合第二曲线进行转型的要求。

B.3.2　监管机构的态度

2019年3月8日，央行金融科技委员会召开第一次会议，提出要明确金融科技发展规划、逐步建立监管规则体系、深化金融科技基础性研究、增强金融科技服务实体经济能力、持续强化监管科技应用等五大任务，明确要提升监管的专业性，坚决守住不发生系统性金融风险的底线。

就监管机构而言，当前的金融科技应用重点很可能是与监管对象的数据连接、基于数据对监管对象进行行为分析和行为监管、金融基础设施建设、技术潜在风险评估和防止技术共振等。

B.3.3　面向第二曲线跨越的风控建议

因为科技对银行跨越第二曲线意义重大，所以从风控的视角看，信息科技风险对银行而言尤为重要，其中既包括技术选择失误造成的错失第二曲线，也包括技术自身风险难以有效把控造成的"翻车"事故。这就要求我们进一步改变对信息科技风险的管理模式，细化信息科技风险分类。

在一道防线上更多使用专业人员，在对新老技术区别对待、不同技术类型区别对待的基础上，提升信息科技风险防范的专业能力；在二道防线上，补充具有丰富技术工作经验的科技人员，提升对技术风险、业务风险防控的整合能力，实现风险管理领域的业务与技术深度融合，提升对破局点的判别能力。

综上，第二曲线是对转型者的"大考"。它可能始于一个单一的点，但必定终于全面的提升，转型者必须具有足够的敏锐、坚定的意志和强大的实力。不经风雨，不见彩虹。

推荐阅读

《中台战略》

超级畅销书,全面讲解企业如何建设各类中台,并利用中台以数字营销为突破口,最终实现数字化转型和商业创新。

云徙科技是国内双中台技术和数字商业云领域领先的服务提供商,在中台领域有雄厚的技术实力,也积累了丰富的行业经验,已经成功通过中台系统和数字商业云服务帮助良品铺子、珠江啤酒、富力地产、美的置业、长安福特、长安汽车等近40家国内外行业龙头企业实现了数字化转型。

《数据中台》

超级畅销书,数据中台领域的唯一著作和标准性著作。

系统讲解数据中台建设、管理与运营,旨在帮助企业将数据转化为生产力,顺利实现数字化转型。

本书由国内数据中台领域的领先企业数澜科技官方出品,几位联合创始人亲自执笔,7位作者都是资深的数据人,大部分作者来自原阿里巴巴数据中台团队。他们结合过去帮助百余家各行业头部企业建设数据中台的经验,系统总结了一套可落地的数据中台建设方法论。本书得到了包括阿里巴巴集团联合创始人在内的多位行业专家的高度评价和推荐。

推荐阅读

《企业级业务架构设计》

畅销书,企业级业务架构设计领域的标准性著作。

从方法论和工程实践双维度阐述企业级业务架构设计。作者是资深的业务架构师,在金融行业工作近20年,有丰富的大规模复杂金融系统业务架构设计和落地实施经验。本书在出版前邀请了微软、亚马逊、阿里、百度、网易、Dell、Thoughtworks、58、转转等10余家企业的13位在行业内久负盛名的资深架构师和技术专家对本书的内容进行了点评,一致好评推荐。

作者在书中倡导"知行合一"的业务架构思想,全书内容围绕"行线"和"知线"两条主线展开。"行线"涵盖企业级业务架构的战略分析、架构设计、架构落地、长期管理的完整过程,"知线"则重点关注架构方法论的持续改良。

《用户画像》

这是一本从技术、产品和运营3个角度讲解如何从0到1构建一个用户画像系统的著作,同时它还为如何利用用户画像系统驱动企业的营收增长给出了解决方案。作者有多年的大数据研发和数据化运营经验,曾参与和负责了多个亿级规模的用户画像系统的搭建,在用户画像系统的设计、开发和落地解决方案等方面有丰富的经验。

推荐阅读

《智能风控：原理、算法与工程实践》

本书基于Python全面介绍了机器学习在信贷风控领域的应用与实践，从原理、算法与工程实践3个维度全面展开，包含21种实用算法和26个解决方案。

作者是智能风控、人工智能和算法领域的资深专家，曾在多加知名金融科技企业从事风控算法方面的研究与实践，经验丰富，本书得到了风控领域9位专家的高度评价。

《智能风控：Python金融风险评估与评分卡建模》

这是一本以实战为导向的信用风险管理指南，是《智能风控：原理、算法与工程实践》的姊妹篇，围绕信贷风险业务，利用机器学习、数据分析、数据挖掘等技术手段，从信用风险量化、评分卡建模等维度讲解了信用风险管理的系统理论和实践方法。

推荐阅读

《Python数据分析与挖掘实战(第2版)》

本书是Python数据分析与挖掘领域的公认的事实标准,第1版销售超过10万册,销售势头依然强劲,被国内100余所高等院校采用为教材,同时也被广大数据科学工作者奉为经典。

作者在大数据挖掘与分析等领域有10余年的工程实践、教学和创办企业的经验,不仅掌握行业的最新技术和实践方法,而且洞悉学生和老师的需求与痛点,这为本书的内容和形式提供了强有力的保障,这是本书第1版能大获成功的关键因素。

全书共13章,分为三个部分,从技术理论、工程实践和进阶提升三个维度对数据分析与挖掘进行了详细的讲解。

《Python数据分析与数据化运营(第2版)》

这是一本将数据分析技术与数据使用场景深度结合的著作,从实战角度讲解了如何利用Python进行数据分析和数据化运营。

畅销书全新、大幅升级,第1版近乎100%的好评,第2版不仅将Python升级到了最新的版本,而且对具体内容进行了大幅度的补充和优化。作者是有10余年数据分析与数据化运营的资深大数据专家,书中对50余个数据工作流知识点、14个数据分析与挖掘主题、4个数据化运营主题、8个综合性案例进行了全面的讲解,能让数据化运营结合数据使用场景360°落地。